障害者心理学への誘い

支え合い、ともに生きるために

柏倉 秀克 著

みらい

序　文

　障害のある人々は様々な困難を抱えながら毎日を暮らしています。障害のある人々を支援するには、その困難の中身を詳しく知る必要があります。

　本書は、そのコンセプトとして障害のある人々の"こころ"に着目しました。人は障害を負うことによって、きわめて深刻な心理状況に陥ります。近年、脳卒中、心臓疾患、糖尿病などの病気、交通事故や災害などで障害を負う人は増え続けています。障害のある人々の"こころ"の問題は、決して他人事ではない、誰もが直面しうる身近な問題なのです。本書では、こうした人々の心理的な問題に焦点をあてるとともに、その緩和方法について検討します。

　障害に直面した人々が抱える心理的な問題は、欧米を中心にリハビリテーション医療の分野で研究が進められてきました。わが国におけるこの分野の研究は、諸外国に例をみないほど"障害受容"に基づく方法が主流となっています。実際、福祉や医療の専門職を養成するテキストの多くは、この方法こそが障害者の心理的な問題を解決する近道だと述べてきました。

　今日、障害者を取り巻く状況はめまぐるしく変化しています。これまで障害者が抱える心理的な問題は、"障害受容"モデルに代表されるように障害者個人の努力で解決すべきだという考え方が主流となっていました。これに対し、障害者が抱える困難は障害者を取り巻く社会環境との関連からとらえ直すべきという声が世界的な潮流となりつつあります。わが国でも、こうした考え方は、障害者権利条約の批准や障害者総合支援法制定へ向けた議論において繰り返し主張されています。

　これまで刊行されている障害者心理に関する文献は、様々なアプローチで書かれています。大まかに分けると、心理学の視点、教育学の視点、社会福祉学の視点で書かれたものなどです。さらに、各種国家資格取得のためのテキストなどがありますが、いずれも特定の領域や職種を対象とした記述がなされています。また、一口に障害者心理学といっても、その専門書の多くが障害種別ごとに、その心理を論じる内容となっているのです。この背景には、わが国の障害者福祉や特別支援教育が障害種別ごとに異なる発展を遂げてきたことが挙げられます。

　こうした障害種別に基づく障害理解は、障害者を一人の人として理解する前に障害特性から理解してしまう危険があります。また、「障害者自立支援法」(2005年、2013年度から「障害者の日常生活及び社会生活を総合的に支援するための法

律（以下、障害者総合支援法とする）として施行）の成立によって、三障害（身体・知的・精神）は同一に扱われるようになったことも忘れてはなりません。

　本書は、障害者心理学に関する概説書として、特定の領域に偏らず各種領域を学ぶ上で基礎となる内容に留意して編集しました。そして、障害ごとの心理的特性を重視した記述ではなく、障害はその人の人格を構成する一つの要素としてとらえています。障害のある人やその家族が生活する上で直面する様々な生きづらさに着目するとともに、心理的な問題に焦点をあてた支援方法を多方面から検討しています。

　本書は、大学や短期大学、専門学校で社会福祉を学ぶ学生、さらに臨床現場で活躍する社会福祉士や介護福祉士、精神保健福祉士、特別支援教育に携わる教員、保育士など福祉ニーズを抱える人々の"こころ"に寄り添い、支援する専門職を対象に執筆したものです。

　本書は4つの章で構成されています。第1章では、本書のコンセプトについて述べています。また、障害のある人の心理的問題を理解する前提として、障害の概念そのものを検討しています。第2章では、障害者心理学の最大の課題である"障害受容"をめぐる問題を取り上げます。リハビリテーション心理学の分野で研究されてきた障害受容モデルの意義と課題について検討します。第3章では、障害のある人とかかわり合う家族や仲間を取り上げ、障害のある人の心理面に与える影響について検討します。第4章では、障害のある人の"こころ"に寄り添う支援方法について考察する内容となっています。

　本書を執筆するにあたって多くの皆さまの協力を賜りました。日本福祉大学名誉教授の大泉溥氏は、筆者の大学院時代の恩師であり、本書の根幹となる部分は大泉氏の研究から学んだものです。元国立障害者リハビリテーションセンター研究所の南雲直二氏からは、リハビリテーション心理学の視点から多くの助言をいただきました。稚拙な出版計画に根気よくお付き合いいただいた株式会社みらいの安田和彦氏、松井克憲氏に心からお礼申し上げます。

　本書を広く世に問うことが、障害によって"こころ"の問題を抱える人々への支援の一助となれば幸いです。

　2012年6月吉日

　　　　　　　　　　　　　　　　　　　　　　信州大町にて　著者記す

目 次

序 文

第1章　障害と障害のある人のこころ…………………………009

第1節　障害者心理学の目的 ／ 009
　　1　本書のねらい ≻ 009
　　2　障害者の心理を研究するということ ≻ 011

第2節　あらためて障害について考える ／ 014
　　1　障害ということば ≻ 014
　　2　障害者はどのように扱われてきたか ≻ 016
　　3　障害の概念と国際障害分類 ≻ 018
　　4　国際生活機能分類 ≻ 020
　　5　障害の種類と法律上の分類 ≻ 022

第3節　障害のある人のこころ ／ 024
　　1　生まれながらの障害 ≻ 024
　　2　人生の途中での障害 ≻ 027
　　3　障害者の心理的支援と本書の課題 ≻ 033

Column 1　"生まれながらの障害と中途障害" ／ 036

第2章　障害の受容をめぐる問題……………………………037

第1節　障害受容に関する研究 ／ 037
　　1　障害受容論の登場 ≻ 037
　　2　障害を受容するための2つのアプローチ ≻ 039
　　3　日本における障害受容モデル ≻ 045

第2節　障害受容に対する疑問 ／ 047

1　退院後の苦しみ ➤ 047

　　　2　障害受容論の問題点 ➤ 048

　　　3　新たな障害観の誕生 ➤ 050

　　　4　日本における「障害受容論」以後の主な研究 ➤ 052

　　　5　社会（他者）との相互作用を重視した援助論 ➤ 057

　第3節　自己受容と社会受容 ／ 059

　　　1　障害のある本人と直接かかわり合う他者 ➤ 059

　　　2　社会（他者）との関連を重視した援助 ➤ 061

　　　3　障害受容に代わる援助方法 ➤ 063

　Column 2　"少女の手紙" ／ 069

第3章　こころに寄り添う支援……………………………070

　第1節　障害のある人（子）とその家族 ／ 070

　　　1　親の会を通じた受容の道筋 ➤ 070

　　　2　3つの親の会 ➤ 071

　　　3　親の会の活動 ➤ 073

　　　4　親の会でみられた仲間としての支え合い ➤ 079

　　　5　親の心理的問題と会の役割 ➤ 082

　第2節　軽度障害者の生きづらさ ／ 085

　　　1　軽度障害者が抱える問題 ➤ 085

　　　2　軽度障害者に対する面接調査 ➤ 087

　　　3　軽度障害者の困難とパッシング ➤ 088

　　　4　軽度障害者が抱える問題とその背景 ➤ 093

　　　5　本節のまとめ ➤ 096

　第3節　ピア・サポートによる心理的支援 ／ 097

　　　1　障害者地域生活支援センターでのピア・サポート ➤ 097

　　　2　ピア・サポートの効果の要因分析 ➤ 100

3　本節のまとめ ➣ 102

　Column 3　"障害者の自立 支援いかに" ／ 105

第4章　障害のある人々を支える……………………………106

　第1節　障害者地域生活支援センターにおける相談 ／ 107
　　　1　ピア・サポートによる相談支援事業 ➣ 107
　　　2　相談支援事業に対する調査 ➣ 109
　　　3　相談支援事業の実態 ➣ 110
　　　4　障害のある専門職による支援の意義 ➣ 117

　第2節　障害のある学生を支える ／ 122
　　　1　障害のある学生の大学進学 ➣ 122
　　　2　障害学生の概況と修学支援の現状 ➣ 123
　　　3　障害学生の支援ニーズ ➣ 125
　　　4　障害学生に対する支援 ➣ 129
　　　5　障害学生支援の現状 ➣ 133
　　　6　支援上の諸課題 ➣ 134

　第3節　安定した就労に向けた支援 ／ 137
　　　1　本節の目的 ➣ 137
　　　2　視覚障害者の安定的な就労とは ➣ 137
　　　3　視覚障害者に対する就労支援のあり方 ➣ 143

　Column 4　"障害学生のキャリア開発" ／ 147

論文初出一覧 ／ 148
索　引 ／ 149

第1章

障害と障害のある人のこころ

　本書は、障害のある人が抱えるこころの問題を明らかにするとともに、その問題に対応した援助方法を検討することを課題としています。

　その前提として本章では、障害者の心理を研究するということの意味について検討します。さらに、障害者の心理を研究するにあたり、障害者が置かれてきた社会的状況を歴史的に振り返るとともに、現代社会における"障害"のとらえ方について検討します。そして、障害のある人が抱える心理的な問題について、生まれながらに障害のある人（先天障害者）が抱える問題、中途で障害になった人（中途障害者）が抱える問題に分けた上でそれぞれ検討します。

第1節 障害者心理学の目的

1 本書のねらい

　大学で『障害児心理学』を教員養成科目として開講している大学は数多く存在しますが、『障害者心理学』という講義を開講している大学は一部に限られています。筆者は社会福祉を学ぶ学生を対象に、『障害者心理学』を担当する中で障害のある人が抱えるこころの問題とは何か、またそのような問題を抱える人々に対する援助方法について研究してきました。

　数多く刊行されている『障害児心理学』に関する文献をみると、それらの多くに共通してみられるのは、障害種別ごとの心理や障害特性を列挙した内容と

なっている点です。一例を挙げれば、視覚障害児の心理、聴覚障害児の心理、知的障害児の心理、肢体不自由児の心理、病弱虚弱児の心理といった章立てで構成され、障害種別ごとの心理学的特性が記述されています。これはわが国の障害者福祉制度や障害児教育制度が、障害種別ごとに発展してきたことにその原因があります。このことは研究領域においても同様で、障害種別ごとに細分化されたまま今日に至っているのです。こうしたアプローチは、「障害に合わせて人を見てしまう」という"障害還元主義（あるいは基底還元論）"の危険をはらんでいます。つまり、援助者がその人の障害(特性)のみに目を奪われ、その人の本来の姿を見失うことにつながりかねないということです。さらにその援助が、それぞれの障害（特性）の枠内に閉じ込められてしまう恐れがあるのです。大川弥生らによると、"障害還元主義"とは、一般の治療医学に強くみられるもので、障害のある人の能力障害（Disability）を改善させるには、まず機能障害（Impairment）を改善させることが不可欠だとする考え方です[1]。

　こうした考え方が常に正しいとは限りません。例えば、広汎性発達障害のあるＡくんの障害特性をいわゆる「教科書」で調べてみると、①極端な不器用さ、②融通の利かなさ、③自己へのこだわりの強さなどが列挙されています。ところが、保護者や支援者がこれらの特性を強く意識しすぎると、不器用なのは（脳の機能）障害のせい、こだわりが強いのも障害のせい、その他支援上の困難や問題のすべてを障害のせいにしてしまう可能性があるのです。このような接し方では、Ａくんが本来持っている人間性、すなわち発達の普遍性を軽視、あるいは無視してしまうことにつながりかねないのです。

　こうした懸念から本書では、障害のある人のこころに迫るアプローチとして障害種別ごとに心理学的特性を記述する方法はとっていません。次節で詳しく述べますが、世界保健機関（WHO）の国際生活機能分類（ICF）にみられるように、今日では障害そのものを多元的にとらえるのが一般的になっています。従来、同じ障害レベルにある人は、同一の困難を抱えているかのようにとらえられてきました。ところが、障害のある人それぞれに個人因子（性別、趣味、特技、生育歴、学歴、職歴など）があること、障害のある人それぞれに環境因子（生産品と用具・環境変化・支援との関係・態度・サービス・制度・政

策）との相互作用があることに着目する必要があるのです。

　本書では、障害者の心理について教科書的な「概説」は行いません。また、障害種別ごとの心理特性を専門的に解説することも行いません。その両者をふまえつつ、障害のある人のこころにアプローチする方法を試みています。1つ目は、障害のある人を支援する際に直面する心理学的問題（テーマ）を取り上げます。2つ目は、こころの問題を抱える障害のある人の事例を取り上げ、その支援方法について実践的に検討します。3つ目は、障害のある人が抱える心理学的問題の発見方法、心理学的問題を科学的に理解（各種検査やデータ分析）する方法を検討します。

2　障害者の心理を研究するということ

（1）"心理"と"気持ち"は同じではない

　福祉サービスの分野では、障害者の思いに寄り添い、その気持ちを理解することが大切だといわれます。しかし、障害者心理学で対象とする"心理"は、障害者の"気持ち"と同じものではないのです。読者の皆さんが障害者の"気持ち"を知りたいのであれば、障害のある本人に直接聞くのが一番の近道でしょう。つまり、専門書を読んで理解する類のものではないのです。

　むしろ障害者心理学の課題は、皆さんがそのようにして情報収集した障害のある人の様々な"気持ち"、実践的なかかわりを通して観察した"表情"や"行動"といった現象的なデータを「どのようにして合理的に理解するのか」（科学性）ということです。その際、①独断や偏見から脱却すること、②判断根拠を明確化することなどが問われるのです。要するに、社会的実践の中で解決が求められる「課題」との関係で、障害のある人のこころを科学的に理解すること、とくにその「内面の理解」の客観化を行うことが障害者心理学にとって重要な課題となるのです。

　ソーシャルワーカーが障害のある人（クライエント）の訴えに耳を傾け、具体的な支援に取り組む場合などを考えてみましょう。その際、ソーシャルワーカーがクライエントのことばや行動の「真偽」（「うわべ」か「本音」かなど）

を科学的に理解すること。つまり、その相手をどれだけ正確に理解したのかという「理解の質」が問題となるのです。

　障害のある当事者から「障害者の気持ちが（健常者の）お前なんかにわかってたまるか！」と言われた時、「その通りだ」と引き下がるのは"素人の悲しさ"です。そのことばが発せられた時の場面や状況、相手の表情などはどうなっていたのでしょうか。そこから、なぜそのようなきついことばを発したのかをもう一度考えてみてはどうでしょう。そうすると、そのことばが"自分のことをもっとよく理解してほしい"ということを背景に秘めた「苛立ちの表現」だと気づくことになるのかもしれないのです。

　なお、ここでの「理解の質」とは、①その理解が支援の対象であるクライエントに納得してもらえるものとなっているのかどうか、②その理解の仕方が主観的になされた判断ではなく、客観的で妥当性があると他者から認められるものとなっているのかどうか、③こうした一連の支援がクライエントから対価を受け取るに値するものとなっているのかどうかを意味するものです。

　最後に、障害のある人の心理を学ぶ上で忘れてはならないこととして、「心理主義の恐さ」を挙げておきます。小沢牧子らによると「心理主義」は、人の状態や行動、社会現象を臨床心理学的な視点から人間の内面のありように還元して解釈し、説明し、問題を「改善・解決」しようとする立場を意味するものです[2]。障害のある人が直面している様々な問題に対し、支援者が「要は本人の気持ち次第だ」という見方をしてしまうことを意味します。その結果、問題の解決策を"気の持ちよう"や"本人の努力"という安易な方向に求めてしまうというものです。障害のある人々を支援する専門職が陥りやすい誤りとして、こころに刻んでおく必要があることばです。

（2）障害と2つの苦しみ

　心理学者の南雲直二は、リハビリテーション心理学[*1]の目的として、障害の

＊1　リハビリテーション医学の一分野。障害者の心的機能の回復や能力向上を図ろうとするもので、心理査定や心理面接、それらの研究調査などがある。

ある人が抱える「2つの苦しみ」の緩和を挙げています[3]。ここでは、その「2つの苦しみ」について大まかな説明を行います（詳細は第2章を参照）。

障害のある人が抱える第1の苦しみとは、自分の中から生じるこころの苦しみです。なお、第1の苦しみは、障害との結びつきが、障害された部位や機能との関係が、①直接的なものと、②間接的なものに分けることができます。このうち、②の苦しみは深刻です。

出勤途中に信号待ちしていた女性事務員のAさんが、居眠り運転のトラックに追突され大怪我をしてしまいました。数日後、病室で目が覚めたAさんは、医師から脊髄損傷による下半身不随という障害を告知されました。事の重大さを知ったAさんがはじめに考えたことは、「なぜ私が？」という私自身に向けた問いでした。20数年間生きてきて、人から感謝されこそすれ、恨まれるようなことをした覚えはないAさん。来春に挙式を控えている私が、なぜこのような仕打ちを受けなければならないのか。この苦しみは、人生の途中で障害となった人が共通して抱く自問自答の苦しみです。

第2の苦しみとは、他者から負わせられるこころの苦しみです。第1の苦しみが「私」と「私自身」の関係から生じるのに対し、この苦しみは「私」と「社会（他者）」との関係から生じる苦しみです。したがって、この苦しみは、「私」一人の力ではどうすることもできない苦しみとしてとらえていく必要があります。この苦しみは、社会あるいは他者、世間から障害のある人やその家族に向けられる否定的態度や社会的排除がその原因となっています。

2007（平成19）年、内閣府が成人男女3,000人を対象に実施した「障害者に関する世論調査」では、「障害を理由とする差別や偏見があると思うか」という質問に対し、「あると思う」と「少しはあると思う」を合わせた"ある"と答えた人が82.9％を占め（20歳代は97.0％、70歳以上は58.2％）、「ない」と答えた人が15.1％などとなりました。次に、"ある"とした人を対象に「5年前と比べて差別や偏見が改善されたと思うか」と質問したところ、「かなり改善されている」と「少しずつ改善されている」を合わせた"改善されている"と答えた人が57.2％となり、一方で「あまり改善されていない」と「改善されていない」を合わせた"改善されていない"と答えた人が35.3％などとなってい

ます。この結果をみると、実に8割以上の人が障害を理由とする差別や偏見の存在を肯定しています。中でも若者世代は、そのほとんどが肯定しているのです。この調査の唯一の救いは、半数を超える人が差別や偏見が改善される方向にあると答えていることでしょうか。障害者に対する理解が進んできたと思われていた日本社会ではありますが、世間から浴びせられる障害者に対する厳しい視線が緩和されるには、今後ある程度の年月を必要としているようです。

　本節を終えるにあたり、障害のある人が抱えるこころの問題を整理します。
　障害者は「2つの苦しみ」を抱えています。1つは、自分の中から生じるこころの苦しみです。2つ目は、他者から負わせられるこころの苦しみです。これら2つの苦しみは、日常的に起こる様々な問題（事故や病気）の根底に存在するものです。したがって、障害のある人のこころの苦しみを緩和するためには、2つの苦しみに対応した解決策を用意する必要があるのです。

第 2 節　あらためて障害について考える

1　障害ということば

　障害ということばが一般に使用されるようになるのは、いつの頃からでしょうか。1872（明治5）年の「学制」には「廃人」という表現が使われ、1900（同33）年の「改正小学校令」には、「不具」「廃疾」などの表現が使われていました。「不具」は身体の一部に障害があることや不備を意味することばで、「廃疾」は不治の、治らない、障害が残る病疾という意味があります。
　これに対し「廃人」ということばは、病疾や傷害のため通常の生活を営めなくなった人という意味があります。「不具」や「廃疾」は身体機能の一部が障害を受けている状態を示すのに対し、「廃人」は障害を有する人の存在自体をネガティブにとらえているもので、きわめて差別的な表現といえるものです。
　障害ということばが使われるようになったのは、1949（昭和24）年に制定さ

れた「身体障害者福祉法」以降のことです。第2次世界大戦前から使用されていた「障碍」を戦後も使おうとしたのですが、当用漢字表に「碍」という文字がなく、便宜的に「害」をあてはめたのがはじめだったそうです。第2次世界大戦戦後、「盲」は視覚障害という表現に、「聾」は聴覚障害という表現に、「不具」は肢体不自由という表現に、「白痴」「劣等」は精神薄弱という表現を経て、精神発育遅滞、知恵遅れ、知的障害、発達障害などという表現に、「狂人」「精神病者」は精神障害者という表現にあらためられました。

近年、マイナスの意味を含む「害」という漢字を使用せずに、「障がい」「障碍」などと表記する人々や自治体や企業が増えています。筆者も学生から、「先生はなぜ障害を漢字で表現するのですか」という質問を受けることがあります。筆者は、むしろ「障害」を「障がい」などと安易に置き換えることで、問題の本質を曖昧にしてしまう危険を感じています。例えば、障害の「害」は、一見して差別的とみなされるため、ひらがなで表記する人が多いのですが、「障」はそのまま漢字で表記されています。ところが、「障」には、さまたげること、さまたげとなるものという意味があり、「害」だけをひらがな表記する方法には無理があるのです。

本書では、障害のある人そのものに「障害」があるのではなく、障害のある人に「障害」を負わせている社会の側にこそ問題（責任）があるという意味で、あえて「障害者」や「障害のある人」という表記を使用しています。筆者は将来的には、「障害」「障がい」「しょうがい」「障碍」に代わる新しい表記が生まれてくることが望ましいのではないかと考えています。

なお、内閣府が2010（平成22）年にインターネットを利用して実施した「"障害"表記に関する意見募集」では、「障害」を支持する意見が全体の36.8％を占め、「障碍」を支持する人が36.0％、「障がい」を支持する人が9.7％となっています。このように回答は2分されましたが、この結果をふまえつつ、内閣府に設けられた「障がい者制度改革推進会議」（2010年）は、法令等における"障害"の表記は当面現状のまま"障害"を用いることと結論づけています[4]。

近年、マイナスのイメージが強い障害を「個性」としてとらえ直す試みがあります。総理府（現内閣府）が発行した『平成7年版障害者白書』では、障害

者を取り巻く障壁の一つに"意識上の障壁"を取り上げています。

　我々の中には、気の強い人もいれば弱い人もいる、記憶力のいい人もいれば忘れっぽい人もいる、歌の上手な人もいれば下手な人もいる。これはそれぞれの人の個性、持ち味であって、それで世の中を2つに分けたりはしない。同じように障害も各人が持っている個性の一つととらえると、障害のある人とない人といった一つの尺度で世の中を2分する必要はなくなる[5]。

　白書は、障害者に対する否定的な障害観に対し、「障害は個性」という障害観を提唱しました。障害を個性の一つととらえることで障害のある人とない人を2つに分ける必要はなくなり、理想的な社会を実現することができるのだというのです。この試みは、障害者観の改善という点で意義あるものといえます。その反面この考え方は、障害が原因となって起きている困難を助長してしまっている社会環境の問題、さらにその問題の解決へ向けた動きである障害者を取り巻く環境のバリアフリー化、障害者に対する福祉サービスの拡充といった取り組みを隠蔽してしまう危険があるのです。また「個性を伸長する」という表現はあっても、「障害を伸長する」と表現することはありません。むしろ障害は、その人の個性を規定する心身の条件の一つととらえるべきだと筆者は考えています。

2　障害者はどのように扱われてきたか

　障害のある人々は古くから劣悪な環境に置かれてきました。将来、働き手となることが困難とされた障害児は、その命すら軽く扱われてきました。古代、中世の貧困な農村では、日常的に間引きが行われていましたが、障害のある子どもは真っ先にその対象とされ、生きる権利を奪われてきました。障害のある人々にとって暗黒の時代は長く続きました。そうした中で、障害のある人々に唯一手を差し伸べたのは、西洋では教会、日本では寺院による慈善事業でした。このように障害のある人々は、近代に至るまで誕生直後からその生存そのもの

が脅かされ、たとえ生き延びることができたとしても「保護」「救済」の対象とされてきたのです。

　資本主義経済の発展は、これまでの経済構造のみならず社会そのものを根本から変えることになりました。労働者は資本家に必要とされる労働力を提供することで、その見返りとして生きていくために必要なギリギリの報酬を得ることができました。資本家が必要とする労働力を提供することが困難な障害者にとって資本主義経済は、きわめて残酷な社会システムとなったのです。障害者は社会的に排除され、息をひそめて暮らしていくしか生き延びる道はなかったのです。

　20世紀は戦争の世紀とも呼ばれ、2度にわたる世界大戦は多くの犠牲者を生みました。戦争の犠牲者の中には、一命を取り留めたものの重い障害を背負い、生きていかなければならない人々が数多く含まれていました。当時、アメリカを中心に、国の英雄である戦傷病者（障害者）の身体機能を回復させるために訓練を施し、社会復帰させるという考えが広まりました。これは、後にリハビリテーションと呼ばれ、国の政策によって障害のある人々が本格的に福祉サービスを受けることになったのです。ただし、当時のリハビリテーションが対象とした障害者は、訓練によって社会復帰が可能なレベルに限定されていました。リハビリテーションの目標は、障害者をできるだけ健常者に近づけるとともに、職業に就くことを通して社会に貢献できる人材を育成することにありました。こうしたレベルに達しない重度の障害者は、リハビリテーションの対象から除外され、家族の扶養による在宅生活、もしくは収容施設への入所を余儀なくされていたのです。

　1960年代以降の世界的なノーマライゼーション思想の広がりや、自立生活運動の日本への上陸、対人援助の基本的な考え方がADL（Activities of Daily Living：日常生活動作）からQOL（Quality of Life：生活の質）の重視へ転換されたことなどがわが国のリハビリテーションに大きな影響を与えました。障害者本人が持つ能力を再確認し、その能力を最大限に生かすことによって社会に参加するという前向きな生き方を目指す方向にリハビリテーションが変化したのです。

重度障害者が地域生活を送る上で他人から受ける介助は欠かせません。だからといって、その障害者が自立していないと判断できるのでしょうか。たとえ、その障害者が24時間介助を受けていても、自らの意思で生き方を選択し、自らの意思で決定している場合は「自立（自律）」とみなすことができるのです。このような新しい自立観が誕生するととともに、障害者は一人の市民として地域で普通に暮らすことが確認されました。入所施設を出て地域で暮らすという選択肢が障害者に認められたのです。

3 障害の概念と国際障害分類

1975年に国際連合で採択された「障害者の権利に関する宣言」で、障害者は「先天的か否かにかかわらず、身体的又は精神的能力の不全のために、通常の個人又は社会生活に必要なことを確保することが、自分自身では完全に又は部分的にできない人」と定義されています。

1948年、世界保健機関（World Health Organization：以下、WHO とする）は『国際疾病分類第6版（以下、ICD-6 とする）』を発表しました。ICD-6 は、第2次世界大戦で障害を負った戦傷病者を主な対象としていましたが、1960年代に入ると、成人病や精神疾患、交通事故の後遺症による障害者が増加し、いわゆる「治療の対象ではない」障害者への対応が各国で求められるようになりました。このことを受けて、WHO による新たな障害の分類が必要となったのです。

1972年に開始された『国際障害分類（International Classification of Impairments, Disabilities and Handicaps：以下、ICIDH とする）』（正式名称は、『機能障害・能力障害・社会的不利の国際分類』）の作成作業は、1976年に WHO 総会で承認され、1980年に正式発表されました。ICIDH は、障害の概念をはじめて体系的に整理したもので、これまで医学的なレベルからとらえられていた障害について、3つの階層構造を持つものとしてとらえ直しています（図1－1参照）。1つ目は、「病気／変調（Disease）」によって発生する心身の障害としての「機能障害（Impairment）」です。2つ目は、そのことが原因して実

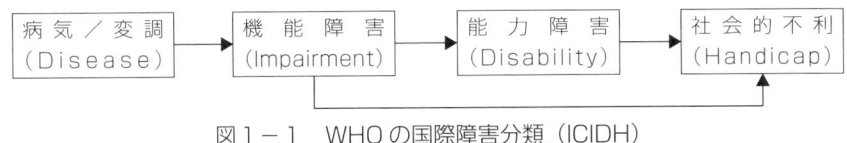

図1-1　WHOの国際障害分類（ICIDH）

際の活動が制限されることによって起こる「能力障害（Disability）」です。3つ目は、そのために社会的能力が果たせなくなってしまう状況を「社会的不利（Handicap）」と定義しています。

このモデルに糖尿病の悪化で失明したケースをあてはめると、「はじめに糖尿病を発症する（病気／変調）。次に網膜症の併発によって失明する（機能障害）。その結果として読み書きや歩行が困難となってしまう（能力障害）。さらに読み書きや歩行ができないために失職し、生活が成り立たなくなる状況を招く（社会的不利）」と説明できるのです。

このようなとらえ方は、従来の疾患や障害種別ごとに規定された法律による判定方法よりも、障害の本質を把握した上で概念規定を行っているという意味で画期的とされました。ICIDHが発表された翌年に国際障害者年を迎えたこともあり、障害者や障害者団体、障害者の福祉、医療、教育に携わる専門職に対し世界規模で影響を与えることになりました。

障害者を援助するアプローチには、「医学モデル」と「社会モデル」があります。「医学モデル」という考え方は、障害者が抱える問題を障害者個人の障害や疾病が原因して起こっている問題としてとらえます。したがって、支援に携わる専門職は、医療における治療プロセスをモデルにした援助（調査・診断・治療）を組み立てていきます。これに対し「社会モデル」という考え方は、障害者が抱える問題を障害者と社会（他者）との間に起きた社会問題であるととらえるのです。つまり、社会が障害者を排除した結果、生じた問題とするのです。このような問題に対する援助方法をエコロジカル・ソーシャルワークといいますが、その代表的なモデルとして、障害者を環境との交互作用に生きる生活主体者ととらえる「生活モデル」という考え方があります。

ICIDHの発表後しばらくすると、このモデルに対する批判が多方面からな

されるようになりました。障害者団体を代表する障害者インターナショナル（DPI：Disabled Peoples' International）は、「医学モデルに基づく障害観が強く残っている」と主張しました。ICIDH は、障害者が抱える問題の解決を障害者個人に押しつけており、「社会モデル」が主張する障害者と社会環境との関連を無視していると批判したのです。

　その他、「病気／変調」から「社会的不利」に至る過程を直線的にとらえたことに対する批判がありました。つまり「機能障害」のレベルが同一であっても、「能力障害」として現れる状態は必ずしも同一とはならないのです。例えば、「機能障害」が同じ2人の障害者であっても、2人が生活する国（地域）の福祉水準、街づくり、交通、居住環境によって2人が感じる生きづらさ（「能力障害」）は全く異なるものとなるからです。

4　国際生活機能分類

　ICIDH の普及とともにその改訂への要望も強くなり、WHO は1980年代後半から専門家を集めた改訂作業を開始しました。その後、国際障害分類日本協力センターも改訂作業に参加し、いくつかの試案の作成と世界的なフィールドテストが実施されました。その結果、2001年に開催された WHO 総会で、『国際生活機能分類(International Classification of Functioning, Disability and Health：以下、ICF とする)』（正式名称は、『生活機能・障害・健康の国際分類』）が採択されました。

　このモデルは、障害によるマイナス（障害）の面だけではなく、プラス（生活機能）の面をより積極的に記述できるようにしました。ここでのプラスとは、障害のある人の「障害」のみを取り出し、その人をとらえようとする（医学モデル）のではなく、その人のこころと身体の一部に問題がある状態としてとらえることを意味するものです。このような視点から ICIDH で使用されていた用語の見直しが行われ、機能障害は「心身機能・身体構造（body function／structure）」、能力障害は「活動(activity)」、社会的不利は「参加(participation)」にあらためられました。「活動」や「参加」という用語を使用することによっ

て、障害のある人の活動の促進や参加の促進といったプラスの位置づけが可能となったのです。

　ICFがICIDHと最も異なる点は、これまでのように各要素を結ぶ線が一方通行の矢印ではなく、双方向を示す矢印で結ばれたことにあります。さらに背景因子として「環境因子（Environmental Factors）」と「個人因子（Personal Factors）」が新たに加えられたことにあります（図1-2参照）。

　なお、「環境因子」とは「人々が生活し、人生を送っている物的な環境や社会的環境、人々の社会的な態度による環境を構成する因子」と定義されています。その特徴は、「個人の外部にあり、その人の社会の一員としての実行状況、その人の課題遂行能力、またはその人の心身機能・身体構造に対して、肯定的な影響または否定的な影響をおよぼしうる」と説明されています。このように「環境因子」には、物的環境、社会的環境、人々の社会的な態度が含まれるとともに、プラスとマイナスの両面で影響を与える因子です。

　先ほどの糖尿病の悪化で失明したケースでは、ICIDHの障害モデルによれば、結果として読み書きや歩行が困難となり、さらには失職により生活が成り立たなくなると説明されましたが、ICFの障害モデルでは、失明した結果として、読み書きや歩行が困難となったとしても、点字や音声パソコンを活用することにより読み書きは可能となること、また白杖などの補助具や盲導犬（正式には身体障害者補助犬）の活用によって単独での歩行が可能となることな

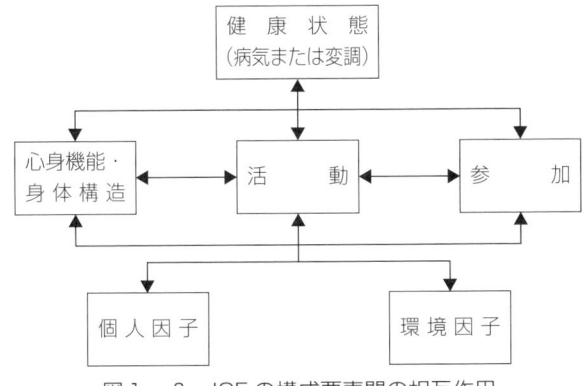

図1-2　ICFの構成要素間の相互作用

ど、環境の技術的な改善によって、読み書きや歩行ができないという活動制限をなくすこと、または軽減することが可能となることが説明されるのです。さらに、職場の物的環境の改善や人的環境の改善（同僚の理解と適切な支援）によって、失職という参加制約をなくす、または軽減することも可能となるのです。

以上のように、糖尿病という「病気／変調」によって「機能障害」→「能力障害」→「社会的不利」が直線的に生じてしまう状況を積極的に改善する発想がICFの考え方です。病気や事故で機能障害が起こっても、活動制約や参加制約に結びつかないようにするため、環境の改善を積極的に行うことを重視しているといえます。

5　障害の種類と法律上の分類

前項までに述べたように、障害のある人が抱えるこころの問題は、障害のある人が生活する環境に強く影響を受けます。この項では、わが国の法制度がそれぞれの障害をどのように定義しているのかについて挙げ、障害のある人が置かれた状況について考えます。

（1）身体障害

「身体障害者福祉法」では、以下の障害がある18歳以上で、都道府県知事から「身体障害者手帳」の交付を受けた者を身体障害者と定義しています。

その細目をみると、「視覚障害」「聴覚障害または平衡感覚の障害」「音声機能、言語機能またはそしゃく機能の障害」「肢体不自由（上肢／下肢／体幹／乳幼児期以前の非進行性の脳病変による運動機能障害）」「心臓、じん臓、呼吸器、ぼうこうまたは直腸、小腸、ヒト免疫不全（エイズ）ウィルスによる免疫、肝臓の機能障害」となっています。

（2）知的障害

知的障害者の明確な定義はありませんが、「知的障害者福祉法」によるサー

ビス受給対象の決定は、知的障害者更生相談所の判定に基づいて行われます。なお、知的障害者更生相談所において知的障害者と認定された場合は、都道府県知事から「療育手帳」が交付されます。

(3) 精神障害

「精神保健及び精神障害者福祉に関する法律」では、「統合失調症、精神作用物質による急性中毒又はその依存症、知的障害、精神病質その他の精神疾患を有する者」を精神障害者と定義しています。さらに、同法の規定によって都道府県知事から「精神障害者保健福祉手帳」の交付を受けることができます。

(4) 発達障害

「発達障害者支援法」では、発達障害を「自閉症、アスペルガー症候群その他の広汎性発達障害、学習障害、注意欠陥多動性障害その他これに類する脳機能の障害であってその症状が通常低年齢において発現するもの」と定め、「発達障害を有するために日常生活又は社会生活に制限を受ける者」を発達障害者としています。さらに同法施行令には、発達障害の定義について「脳機能の障害であってその症状が通常低年齢において発現するもののうち、言語の障害、協調運動の障害その他（心理的発達の障害並びに行動及び情緒の障害）」が加えられています。

　なお、厚生省（現厚生労働省）の通知、「精神障害者保健福祉手帳障害等級判定基準の説明」（1995年）では、その他の精神疾患として「心理的発達の障害」「小児（児童）期および青年期に生じる行動および情緒の障害」が明記されています。このことから、発達障害者は「精神障害者保健福祉手帳」の交付を受けることができるのです。

　その他、2012（平成24）年に改正された障害者自立支援法（2013年度から障害者総合支援法として施行）では、難病患者を障害福祉サービスの対象に加えることになっています。

第 3 節 障害のある人のこころ

1 生まれながらの障害

(1) 障害への気づきの発達的展開

　大泉溥が述べているように、幼少期までに受障した場合の「障害受容」は、障害の「自己認識」や障害の「気づき」と表現する方が適切なのかもしれません。すなわち、自分の障害にどのように気づき、その意識された自分の障害とどのように「向き合い」、そして「折り合い」をつけて生きていくのかという発達の過程としてとらえていくことができるのです[6]。

　生まれながらに障害のある子ども、あるいは物心のつかない時期（乳幼児期）に受障した子どもは、障害のあるこころや身体がその子にとっては当たり前のことであり、全く自然な状態なのです（進行性疾患の場合にはやや異なるにしても）。それゆえ、障害の「受容」という問題は、自分の障害についての「気づき」とともに生起することになるのです。

　この気づきの内容とレベルは、①気づきの契機となる問題に直面した時の年齢や発達段階、②その気づき方、③その子を取り巻く家庭や学校や地域の状況、さらには時代社会のあり方によっても異なってきます。基本的には、障害の気づき方を大まかに2つに分けることができます。1つは、他者から障害を気づかされるケースです。もちろん本人は自然な状態にあるのですが、本人を取り巻く家族、保育士や教師、友だちなどから発せられる障害についての指摘、気遣いのことばなどを受けて気づくケースです。2つ目は、自分自身で障害に気づく場合です。成長とともに遊びや学習の場面で自分としてはやりたい気持ちがあるのに、障害のためにできないという経験が増えてきます。友だちにはできるのに自分にはできないという体験から気づくケースです。

　気づきの年齢的変化をみると、外見的な「違い」として意識されるところから、より実質的あるいは本質的なところでの違いの自覚という段階へと変化していくのです。しかも、その気づき方の質的な変化はその子、あるいはその人

の日常の生活環境に規定される一方、本人の生き方にも反映されていくのです。
　次に、各時期の「気づき」の様態と受けとめ方について、みていきます。

(2) 幼児期
　幼児期の前半までは親がどれほど気にしていても、本人は全く気づかない、もしくは気にしていません。しかし、幼児期も後半になると、身体的な不自由がある場合には、「他の子たちとは同じにはできない」ことへの苛立ちとして、気づきが表れはじめるのです。それでも本人はそれが自分の障害のためだとは気づいていないばかりか、どうしたらよいのかもわかりません。なぜなら、自分の思っていることは他の人たちも当然そう思っているはずだと信じており、自分のやりたいことは当然できるはずだという自己中心性[*2]の発達段階（児童心性の時代）にあるからなのです。

(3) 学童期
　小学生になると、次第に「他の子たちと同じにはできない」ことを障害との関係で意識しはじめることになります。それでもこの時期の子どもには、「できないことより、やりたいことの方が大事」なので、あまり大きな問題にはならないのです。むしろ問題は、親や学校の先生、あるいは近所の大人たちのことばや態度です。とくに、母親などが自分の子どもに障害があることを隠そうとする場合は深刻です。第3章で詳しく述べますが、この問題は障害のある子どもに対する「親の社会受容」の問題がその背景にあるものと思われます。一例を挙げると、子どもの四肢に欠損がある場合や麻痺がある場合、親から「世間体が悪いから（障害のある手や足などを）隠しなさい」などと言われたりするケースです。子どもの側からすれば、自分が物心ついた時から障害がある

[*2]　ジャン・ピアジェ（Piaget, J.）によると、幼児期にみられる物事の一面のみに注意を集中し、同時に他に注意を向けることが難しい特徴のことを「中心化」と呼び、とくに前操作期の子どもの認知的制約を示す特徴を「自己中心性」と呼んでいる。幼児期においては、自他の区別が未分化なため自己の視点や経験を中心に物事をとらえ、他人の視点に立つこと、自他の経験を相対化すること、自他の相互関係の判断が難しいことを表している。

が自然な状態です。それなのに周囲がなぜそのようなことを言うのか納得できないのですが、親から叱られたり、友だちからかわれたりするのが嫌なので、次第に言われたように振る舞うようになっていくのです。

　筆者が勤務していた特別支援学校では、シングルマザーに出会うことが珍しくありませんでした。障害のある子が生まれると、母親は子育てに追われ精神的にも肉体的にも疲弊していく状況はよくみられますが、それを夫がうまく支えることができない場合、離婚につながるケースもあるのです。さらにこのようなケースでは、自分の障害が原因で親が離婚したことに子どもが気づく場合は深刻です。思春期に近づくと両親の諍(いさか)いの原因を自分の障害との関係から察知し、「自分は迷惑な存在なのではないか」と考えてしまうことがあるのです。

（4）少年期から青年期へ

　障害への「気づき」を考える上で、この時期が最も重要な時期となります。障害の有無にかかわらず、人は思春期になると自分の容姿や服装をひどく気にするようになります。それと同じように障害のある人は自己の障害を気にするようになるのです。そして、できるだけ周囲のみんなと同じように振る舞おうとするのです。その傾向は障害が軽度の場合ほど強く表れるものです。このことについては、第3章で詳しく述べます。

　この時期には、「なぜ自分をこんな身体に生んだ」と親を責めるケース、差別や偏見に満ちた世間を嫌い孤立してしまうケースがみられます。社会の汚さを嫌悪する潔癖さは、その返す刀で自分自身をも切って捨てようというアンビバレンツな状況を生みがちです。それは、時として極端な自己嫌悪となり、こころと行動が荒廃し、態度が粗暴になることさえあるのです。

　つまり、自己の障害への「気づき」は、それが否定しえない事実であればあるほど、他罰（親を恨み、社会に反発する）と同時に自罰（自己否定、引きこもり）との間を揺れ動くのです。さらにそれを他人から気づかれまいとします。自分はみんなと同じだとうわべを取り繕ってみても、それが誤魔化しでしかないことを自分自身が一番よく知っているのです。それでいて、他にどうしようもないこともわかっているのです。

（5）青年期後半から大人へ

　この時期の課題は、ありのままの自分を対象化し客観視できるようになることです。自己の障害への「気づき」を経て、「世間の常識ではなく、自分の常識で生きる」という価値観が形成される時期として、青年期後半（大学時代など）はきわめて重要視されています。

　ジャン=ジャック・ルソー（Rousseau, j.j.）は、『エミール』の中で「人は二度生まれる。一度目は存在するために、二度目は生きるために」と述べています。ここでの一度目の誕生は、母親から生まれてくることを指しています。しかしこの時点では、生き物として「存在している」にすぎないのです。二度目の誕生は、自分が「生きている」という喜びを最初に実感した瞬間を指しています。人はその人らしく生きてこそ、「生きている」といえるのです。つまり「存在する」ことと「生きている」ことは全く別のことを意味するのです[7]。

　障害のある人にとって、自分が「生きている」と実感するのは容易ではありません。それは、人生の見本であるべき障害のあるロール・モデル（role model：役割モデル）[*3]の活躍、足跡がきわめて限られているからです。青年期は、学校生活、就職、恋愛、結婚、出産と育児などを経験しますが、そのたびに見本のない人生とどう向き合うのかが問われています。一つひとつの壁に直面し、悩み、苦しみながらそれを乗り越えるという試練が待ちかまえているのです。

❷　人生の途中での障害

（1）中途障害者の困難

　人生の途中で障害を負った人（中途障害者）の苦しみは、障害になる前の健康で満たされた生活と、障害になった後の困難な生活との大きな隔たりにその原因があるといわれます。障害になった時のショックは、年齢的に高くなるほ

＊3　人がその態度や行動に共感し、社会的な役割を果たすために見習いたいと考える人物を指す。障害のある人が、見習いたいと思える障害のある人物を探す場合、非障害者（健常者）に比べてみつけにくい現状がある。

表1-1　失明後に死を考えた人の割合

報告者	報告年	死を考えた人の割合
赤松恒彦・他	1964年	56.0%
赤松恒彦・他	1974年	56.3%
山田幸男・他	2001年	56.2%

出典：山田幸男・大石正夫・小島紀代子『目の不自由な人の"こころのケア"―本当のこころの杖となるために』考古堂書店　2012年　p.16

ど深刻であるとの声がそのことを裏づけています。障害になる前の生活経験が長いことは、自立に向けたリハビリテーションや職業訓練にも大きく影響します。また、本人のみならず家族にかかる負担も大きくなります。受障前の経験に基づく判断と受障後の現実とのズレ、過去の自由な活動と現実の不便さとのズレが精神面での落ち込みや不安定さに結びつくケースが多くみられます。

　ここでは、人生の途中で視覚に障害を負った人々を取り上げます。通常、人は外界からの情報の80～90％を視覚から得ています。視覚からの情報を奪われると日常生活全般に大きな影響が出ます。「失明は死に次ぐ人生の悲劇」「失明した人の多くは恐怖と絶望から一度は死を考える」、また「高齢者の最大の苦痛は視覚を失うことだ」といわれるのも当然のことでしょう。

　表1-1にあるように、失明後に死を考えた人の割合は、1964（昭和39）年から2001（平成13）年に至る3つの調査においてほとんど変化していません。医療技術や視覚障害リハビリテーション、障害者福祉サービスがこの40年の間に驚異的な進歩を遂げているにもかかわらず、視覚障害を負った人が抱えるこころの問題の深刻さは全くといっていいほど変化していないのです[8]。

（2）中途障害者の語りから

　中途障害者が障害とどう向き合い、どのような支援を受けてきたのかを明らかにするため、筆者は当事者の声を聞くことからはじめてみました。語り手は、視覚障害になってから5年以上を経過し、現在は自立した生活を送る4人です。4人とも失明（または急速な視力低下）後、リハビリテーション病院や特

別支援学校（盲学校）で教育や職業リハビリテーションを受けています。

❶Aさん（岐阜県在住、20歳代男性）

　Aさんは、5年前インフルエンザにかかり、40度を超える熱が1週間以上も続きました。ある朝目覚めると、全く見えない状態になっていました。救急車で運ばれた病院で当直医に失明を宣告されます。失明後、職場を失ったAさんはリハビリテーションセンターで歩行や点字の訓練を受けました。その後、職業自立するために盲学校の職業（あん摩・マッサージ・指圧師養成）課程[*4]に入学しました。失明直後に筆者が面談した際、Aさんは、驚くほど落ち着いていたのが印象的でした。Aさんは失明する前に貴重な体験をしていました。「自分の力ではどうすることもできない場所で、絶望とそこから立ち直る」経験をしたのだそうです。そのことが失明という事実を冷静に受けとめることにつながったのではないかと語っています。このような「どうしようもなくなる体験」は、専門家や関係者の間で「底つき体験」と呼ばれているものですが、受障前の体験が受障後のこころの回復に与える影響を示唆しています[9]。

　またAさんは、障害をうまく受けとめられない人の体験談に共通することとして、目が見えていた時に障害者を見下していた点を指摘しています。受障前の障害者に対するイメージが、受障後の自分自身の障害のとらえ方に影響を与えていることが想像されます。Aさんは、自分にとって障害をこころから受けとめるための有効な支援となったのは、リハビリテーションセンターや盲学校での訓練等よりも、そこで同じ障害のある仲間と出会えたことだったと述べています。

❷Bさん（大阪府在住、20歳代女性）

　Bさんは、視力の低下と将来のことを考え、地域の中学校から盲学校に入学しました。Bさんの障害は外見上際だった特徴があり、小学校低学年から激しいいじめにあってきました。Bさんは、「周囲は自分を見るとはじめは驚いた

[*4] 盲学校では、視覚障害のため就労が困難な人を対象に、職業リハビリテーションの一環として「あん摩・マッサージ・指圧師、はり師、きゅう師」を養成している。盲学校の職業課程には、中途視覚障害者を中心に多くの成人生徒が在籍している。

表情になり、次に嫌悪感に満ちた差別的な視線を向けてくる」と語っています。これはスティグマと呼ばれるもので、外見上の特徴が周囲に極端な反応を起こさせることから生まれるものです[10]。

　小学校時代は、いじめの原因が理解できずに混乱していましたが、周囲がBさんに慣れてくることでいじめは減りました。中学校に進学すると、Bさんとはじめて出会う生徒から、再び「嫌悪感に満ちた」視線を受けました。Bさんは盲学校を選んだ理由として、これ以上いじめにあいたくなかったことを挙げています。入学後、身体障害者手帳を取得しました。これまで奉仕の対象とみてきた障害者に自分がなってしまったことがショックで、一時的に努力する気持ちや、やる気が消えてしまいました。Bさんが立ち直るきっかけとなったのは、同じ障害のある仲間との出会いでした。それまでの友人とは違い、はじめてこころを開くことができました。今までの友人には無意識にはたらいていた遠慮を必要としなくなったことがBさんのこころを軽くしました。盲学校卒業後10数年を迎える今、障害を自分の身体の一部と考えられるようになったそうです。それは、自分のことをわかってくれる仲間がいるからだとBさんは語っています。

❸Cさん（愛知県在住、30歳代男性）

　Cさんは、青年期に急激な視力低下に見舞われます。その後の失明時、比較的冷静に障害を受けとめられたのは、視覚障害者である親類の存在がありました。職業に就いていたその親類は、Cさんに前向きに生きる勇気を与えてくれました。スムーズに障害を受けとめることができたかにみえたCさんでしたが、失明後10数年を経た今日まで、不思議な夢をみることになります。その内容は「本を読んでいる自分」が登場する夢です。目が覚め、慌てて起き上がって本を確認するたびに、文字が読めないという現実を思い知らされます。この種の夢を失明当初は頻繁にみましたが、次第にその頻度は減ったそうです。Cさんはこの夢をみるたびに、自分自身が無意識の部分で障害を引きずっていることを確認することになりました。受障前の生活年数と受障後の年数が逆転して数年が経った今では、視覚以外の感覚が情報判断の基準になっています。夢の中でも目が見えないCさんが出てくるようになったそうです。

Cさんは、中途失明者にとって必要な援助は精神面のケアより経済的に自立するための支援だと強調しています。障害を引きずっていても、収入があり家族を支えているという自信を持って生きていれば何とかやっていける。無理に障害の受容という課題を持ち出す必要はないのではないかとも語っています。

❹Dさん（愛知県在住、40歳代男性）

　Dさんの眼の病気は、自分でも気づかないほど緩やかに視力低下が進行し、視野もその狭さを増していくものです。急激に視力が低下する疾患とは異なり、精神的な動揺は少ないものの、真綿で首を絞められるような恐怖にこころの内面を支配される状況が長く続きました。中学生の頃には眼の病気を理解できるようになり、将来全く見えなくなることを知ることになります。それでもDさんは精神的に激しく動揺することはありませんでした。中学校時代に共通の趣味を通じて出会った友人が、高校から大学まで「友人として」Dさんの目の代わりとなり、様々な場面で助けてくれたからです。

　小学校時代から視力の低下がはじまっていたので、夜空の星は見えないもの、夜布団を敷くのは手探りでやるもの、スポーツは球技など団体種目より個人種目を選ぶなど、試行錯誤を経て限られた条件での生活技術を自分なりに身につけていたのです。Dさんは体育などの実技科目や体育大会は活躍できませんでしたが、目を使わなくてもできる教科や楽器演奏で活躍し、自分なりに精神面のバランスをとる努力をしていました。大学に在籍する頃には視力はほとんど失われ、卒業と同時に盲学校に入学することになりました。盲学校には自分より重い障害を持った仲間がいました。それまで自分をサポートしてくれた周囲への恩返しとして、今度は自分が仲間にしてやれることで素直に喜びを見出しています。

（3）障害によるショックから立ち直る経過

　失明（受障）から自立した生活に至るまでの4人の足取りは、必ずしも平たんな道のりではありませんでした。

　Aさんは、「自分の力ではどうすることもできない場所」での経験が、失明を冷静に受けとめ、新しい一歩を踏み出す力になったそうです。外見に際だっ

た特徴を持つBさんは、自分自身の内面に向き合うだけでなく、周囲の視線の問題が精神面での回復に影響を与えていました。Cさんは、親類に自立した視覚障害者がいたことで、比較的冷静に早期に失明を受けとめたと考えていました。ところが、繰り返しみる「夢」に登場する自分は、目が見える自分でした。障害受容モデル（詳細は第2章を参照）では、「受容期」にあると判断されるCさんですが、こころの奥では障害と葛藤する姿が存在しました。Dさんは、自分でも気づかないほど緩やかに視力が低下していきました。どの時点が失明だったのかは、本人も理解していないほどでした。Dさんにとっての障害との葛藤は、目に異常を感じた小学校時代から今日に至るまで途切れることなく続いています。

（4）障害とどう向き合ってきたのか

　障害を何らかの形で受けとめている4人にとって、障害とは何だったのでしょうか。

　Aさんは友人の例から、失明前の障害者に対するイメージが、障害の受けとめ方に影響を与えるのではないかと語っています。交通事故や糖尿病で失明する可能性は誰にでもあります。将来へ向けての予防的な意味も含めて、障害観の形成は重要な課題です。そのためには日常生活において障害のある人とかかわりを持つことができる環境が必要です。

　Bさんは4人の中では最も視力があり、他者の視線を強く感じる立場にありました。他者からBさんに向けられる厳しい視線は今後も続きますが、わかりあえる仲間と過ごすことで、精神面で何とかバランスを維持しています。Bさんへの視線を他人事と考えるのではなく、加害者の視線から支援者の視線への転換が社会の課題として求められています。

　Cさんの「夢」の話にあるように、中途失明者の多くが障害を引きずったまま生活しています。Cさんは障害の受容に対する支援ではなく、経済的に自立した生活を送るための支援が重要だと語っています。例えば、職業能力を形成し仕事を通じた社会参加を実現させ、家族や地域に支えられる環境をつくりあげることで当事者の問題解決能力は自ずと高まるはずなのです。

進行性の眼疾患者であるDさんは、長い時間をかけて進行していった視力の低下や視野狭窄*5にたった一人で耐えるとともに、機能障害に対応した生活技術を自分なりに身につけてきました。もう少し早い段階で公的な支援や、同じ障害を持つ仲間との出会いがあれば、様々な情報提供を受けることができたでしょうし、Dさんの苦労は大幅に軽減されたはずです。

3　障害者の心理的支援と本書の課題

障害が心理面に与える影響は、大まかに2つに分けることができます。1つは、受障した個人（心理）に与える影響で、もう1つは、他者（家族や世間）に与える影響です。

（1）個人（心理）に与える影響

障害が個人（心理）に与える影響には、①元気をなくしてしまう、②"習慣的動作"を失ってしまうことによるとまどい、③自信をなくしてしまう、④仕事を失うとともに、生活を再建するための力をも失ってしまうことの4つが挙げられます。

①元気の回復に対する従来の援助は、ジークムント・フロイト（Freud, S.）の悲嘆の回復による方法がとられてきました。この方法では、元気をなくす原因を「悲嘆」ととらえ、「悲哀の仕事*6」や価値転換によってこころの回復を図るというものでした。第2章で詳しく述べますが、例えば、この方法による受障後の「うつ」への対応には問題が指摘されているなど、不完全な方法となっていました。

②障害によって失われた"習慣的動作"に対する援助については、これまで

---

*5　視野狭窄とは、視野の一部分が見えない状態をいい、暗点とも呼ばれる。視野の中心に向かって見えなくなる場合は中心暗点という。原因となる疾患には、緑内障、網膜色素変性症、網膜剥離、脳梗塞等がある。

*6　愛する者を失った時、人は強い悲しみに襲われるとともに、精神的に不安定な状態となる。人は愛する者との関係が失われても、生きていけるように立ち直る必要があり、その対象との関係を断念するプロセスのことを悲哀の仕事という。

積極的に取り上げられてきませんでした。障害によって新しく変化した身体に対し、本人自身が慣れを形成していく必要があるのです。

　③自信を取り戻すには、"こころの型"（脳内に再現された活動）をつくり直す援助が有効です。なぜなら"こころの型"が障害によって損傷されたからです。

　④生活の再建に対する援助は、新たな就職や元の職場への復職に向けた支援を行うことによって生活問題を解決し、心理的安定を生むという方法がとられていますが、セーフティネットの充実や地域の社会資源との連携など、より充実した支援が求められています。

（2）他者（家族や世間）に与える影響

　障害が心理面に与える影響の2つ目は、他者（家族や世間）に与える影響です。障害によって、受障した本人と家族や世間との人間関係が破たんしてしまうことを意味するものです。家族や世間が障害者を排除することによって、障害者が孤立してしまうという問題です。この問題の解決には、障害者を排除しないための社会啓発を行う方法、仲間同士の相互支援によって回復を図る方法があります。

（3）本書の課題

　筆者は、受障した人のこころの健康は、人間関係の網の目（お互いを思いやる関係）の中で、維持、向上していくものと考えています。人間関係の破たんとは、人のこころの健康を支えている土台そのものが壊れてしまうことを意味します。その反対に、人間関係の再建とは、失われた土台づくりを意味するものです。

　本書では、障害のある人が抱える心理的問題を内面からアプローチするとともに、障害のある人を支える様々な人や社会との関連からアプローチすることによって、この問題の解決方法を検討します。

【引用文献】

1）大川弥生・上田敏「高次脳機能障害に対する医学的リハビリテーション」『リハビリテーション研究』第87号　日本障害者リハビリテーション協会　1996年　pp.6-13
2）小沢牧子・中島浩籌『心を商品化する社会―「心のケア」の危うさを問う』洋泉社　2004年　p.19
3）南雲直二『エッセンシャル・リハビリテーション心理学』荘道社　2006年　pp.1-2
4）佐藤久夫・杉本泰平・越智あゆみ・豊田徳治郎・筒井澄栄「『障害』の表記に関する意見の内容と理由―2010年内閣府の意見募集結果から」『障害者問題研究』第39巻第4号　2012年　pp.328-334
5）総理府編『平成7年版障害者白書―バリアフリー社会をめざして』大蔵省印刷局　1995年　p.12
6）大泉溥『障害者心理学　講義ノート』私家版　2006年
7）ルソー著、今野一雄訳『エミール』岩波書店　1962年
8）山田幸男・大石正夫・小島紀代子『目の不自由な人の"こころのケア"―本当のこころの杖となるために』考古堂書店　2012年　p.16
9）妹尾栄一「薬物依存症の理解と対応」『精神研』No.319　東京都精神医学総合研究所　2006年　p.2
10）アーヴィング・ゴッフマン著、石黒毅訳『スティグマの社会学―烙印を押されたアイデンティティ』せりか書房　1984年

Column 1　"生まれながらの障害と中途障害"

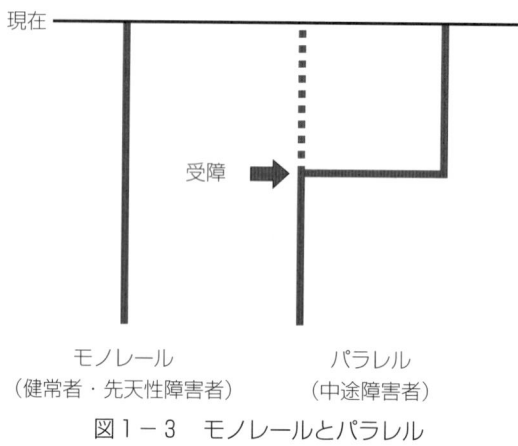

図1-3　モノレールとパラレル

　生まれながらに障害のある人や障害のない人は、生まれた時から現在に至るまで自分のこころと身体は本質的な変化を経験しないまま一つの道の上を歩いてきています。一方で、人生の途中で障害を負った人は、新しく変化した自分の身体に向き合う必要が生まれます。中途障害者に対する従来の「障害受容」による援助では、受障によって途切れたものを継ぎ足すことによってすべてが変わるといった錯覚を抱かせていたのです。例えば、失明した人に白杖での歩行を教えることで今までの生活を取り戻せますよという話です。ところが、生まれながらに障害のある人は、こころと身体に変化はないのに様々な困難に遭遇します。その際、「受容」ということばは、あてはまりません。
　これらをふまえると、むしろ健常者の基準で整備された社会で生きていくため、新たに「つくり直す」「育て直す」ための支援が必要なのであって、「障害受容」による支援はあてはまらないのです。

　　出典：大田仁史・南雲直二「(対談)"障害受容"とはなにか？」『リハビリナース』1巻6
　　　　　号　メディカ出版　2008年　p.570を一部改変

第 2 章

障害の受容をめぐる問題

　障害のある人が抱える心理的な困難を援助するための研究は、身体の欠損や麻痺など、いわゆる運動機能系の中途障害者を対象に進められてきました。運動機能系の中途障害者に対する援助研究では、この問題を「適応（adaptation）」「調整（adjustment）」の問題としてとらえる研究もありましたが、全体としては「障害受容（acceptance of disability）」による方法がその中心を占めており、感覚障害と呼ばれる視覚障害や聴覚障害を含む中途障害全般の援助方法に適用されてきました。

　本章では、障害者の心理的な困難に対する援助方法として、わが国では一般的となっている「障害受容」による援助方法を取り上げて、その意義と課題を明らかにします。その上で、「障害受容」による援助方法の問題点を整理するとともに、この方法に代わる援助方法について検討します。

第 1 節 障害受容に関する研究

1 障害受容論の登場

　第1章で述べたように、多くの犠牲者とともに身体に障害を負った戦傷病者を生み出した第2次世界大戦による爪痕は、奇しくもリハビリテーション医学の飛躍的な発展につながるとともに、障害者の問題について、世界がはじめて本格的に取り上げる結果になりました。

臨床現場の専門家は、戦傷病者に対するリハビリテーションに多くの困難を感じていました。例えば、障害となった直後の重いショック状態からなかなか抜け出すことができないケース、「うつ」の状態が続きリハビリテーションに積極的に取り組むことができないケースなどです。アメリカでは、戦傷病者の心理的な問題に対応するため、1950年代から1960年代にかけてリハビリテーション心理学が確立されました。

　障害受容の重要性を最初に主張した文献は、アメリカの精神科医モリス・グレイソン（Grayson, M.）が1951年に発表した『Concept of "acceptance" in physical rehabilitation』です[1]。彼は、それまでの障害受容が単なる「一つの症状」とみなされてきたことを批判し、障害受容を①身体、②心理、③社会の3つの側面から複合的にとらえるべきであると主張しました。グレイソンは、障害者には"内からの圧力"と"外からの圧力"という2つの圧力に立ち向かうことが要求されると述べています。外からの圧力には、社会の障害者に対する否定的態度があるとし、自分自身を社会に統合させる努力が求められるとしました。内からの圧力には、自我が傷つけられた身体像（ボディ・イメージ：body image）の再建に向けた欲求があるとし、障害によって変化した身体に対応した新たなボディ・イメージを構成する必要があると述べています。

　このように「障害受容」についてグレイソンは、肢体に障害のある人々において受障後に起こる心理的な問題だとした上で、ボディ・イメージと関係づけて説明しています。ここでのボディ・イメージとは、個人が自己及びその身体に対して持っているイメージを意味するものです。障害を受けると同時にボディ・イメージも障害されるため、人はボディ・イメージを調整する必要に迫られるのです。しかし、自己の身体に起きた障害の意味をこころから理解できていないケース、障害そのものを否認[*1]してしまうケース、障害によるショッ

＊1　現実の知覚がありながらその知覚した現実を認めようとしない無意識のはたらきで、自己防衛機制の一つ。受障直後、障害を否認することによって厳しい現実から自己を守る。

＊2　解離性障害（dissociative disorder）に含まれるもので、自分自身を親しみのある者と感じられない、自分自身に疎隔（嫌って遠ざける）感を持つこと。自分の考えや、自分の身体を外から見ているように感じられ、自分の手や足が自分のもののような感じがしない状態。これらは健康な人であっても体験しうるものである。

クによって現実感を消失してしまうケース、離人症[*2]を発症してしまうケース、補装具の拒否などを引き起こすケースなどがみられると述べています。
　グレイソンが診た患者は、受障後しばらくは自分には障害がないと言い張ったり、自分の身体が自分のものではないような気がしたり、夢の中にいるような気がしたり、なぜ自分が障害を負わなければならないのか思い悩んだりしていたそうです。このような状態をグレイソンは、患者のボディ・イメージが障害されたため、ボディ・イメージの再組織化を無意識に行っている状態と説明しました。したがって、グレイソンにとっての障害受容は、ボディ・イメージの再組織化そのものを指していたのです。
　グレイソンは障害受容を満たす条件として、①身体的には障害の性質、その原因、合併症や予後をよく理解していること、②社会的には雇用や住宅や家族やその他の関係に対して現実的であること、③心理的には極度の情動的症状（怒り、不安、嫌悪感、興奮、恐怖など）を示さないことの３点を挙げています。
　以上のようにグレイソンは、障害受容に必要な課題として、"内からの圧力"と"外からの圧力"に立ち向かう必要性を挙げ、２つの圧力の中でも"外からの圧力"に着目しています。つまり障害受容は、障害者本人の自己努力によってなされるものではなく、障害者を取り巻く社会的側面が重要な因子であると述べているのです。グレイソンの時代にあっては、障害のある個人に向けた「障害受容」による方法に重点が置かれ、その本体を解明しようとしたため、障害者に否定的な社会を「改造」する方向ではなく、そうした社会への「適応」を障害者に求めるしかなかったものと思われます。

❷ 障害を受容するための２つのアプローチ

（１）価値転換論（value change）

　1950年代後半、障害受容における「価値の転換」を最初に唱えたのがアメリカの心理学者のタマラ・デンボー（Dembo, T.）でした。デンボーの共同研究者のベアトリーチェ・ライト（Wright, B.）は、彼女の研究をさらに発展させ、障害受容を心理過程（プロセス）としてとらえる見地から、その内容とメカニ

ズムについて詳しい分析を行いました[2]。

　デンボーは、主として第2次世界大戦で戦傷病者となった若者を対象に詳細な質的調査（インタビュー）を実施しました。彼女は多くの若者との面接を通じ、戦傷病者が抱える心理的な問題の根底には「不幸」が存在すると述べています。この場合の「不幸」とは、障害を負った人が世間の低評価に甘んじなければならないことを意味しています。

　デンボーによると、人は障害によって2種類の価値を喪失すると述べています。1つは"個人的な喪失"で、障害に起因する苦悩を意味するものです。2つ目は"社会的な喪失"で、社会の障害者に対する否定的な態度に起因する苦悩を意味するものです。デンボーは障害を「こころから受け容れた」人々において、2つの価値観において変化が生じていること、つまり価値転換が起こっていることを発見したそうです。

　第1の価値転換は、「価値の視野の拡大」（enlargement of scope values）と呼ばれるものです。受障後、失われたと認識する価値の他に、それとは異なるいくつもの価値が存在していることを知り、それらを自分は依然として持っていることに気づくことができる。つまり、受障直後は絶望しかみえない世界で、苦しみもがき続けるのですが、しばらくするとそれ以外の「何か」に気づく時が必ずやって来るとし、そのことこそが「価値の視野の拡大」だと述べています。

　第2の価値転換は、「比較価値から資産価値へ」（transforming comparative values into asset values）と呼ばれるものです。人は常に、他人あるいは一般的な標準と自分の価値を比較しています。そのため、比較価値にとらわれてしまっているのだと指摘しています。これに対し、自分の持っている性質や能力、それ自体に内在する価値、つまりそのものの価値（資産価値）に目を向けることが重要なのであり、比較価値から資産価値へ転換することによって障害者の苦しみは克服されると述べているのです。

　デンボーと同様の研究を進めたライトは、障害受容の本質は価値の転換にこそあると考えました。また、障害が人間としての価値を低めるものではないと認識できること、そのような文脈で障害を受け容れることが重要なのだと主張

しています。彼女はデンボーの提唱した2つの価値転換に、新たに2つの価値転換を加え、障害受容における4つの価値転換を提唱しました[3]。

第3の価値転換は、「障害の与える影響の制限」(containing disability effect) と呼ばれるものです。ライトは、障害の影響が拡大しやすい点に着目しました。障害のない人の場合、能力が制限されることや不得意な面があったとしても、それがその範囲を超えてその人の能力全体、さらには人としての価値全体を低く意識するところにまで拡大することはありません。ところが、障害のある人の場合、障害の与える影響は拡大しがちなのです。そこで、障害が自己の存在全体の劣等性にまで拡大しないように封じ込めることこそが必要であると述べています。

第4の価値転換は、「身体の外観を従属的なものにすること」(subordinating physique) と呼ばれるものです。身体障害の場合、障害のない人との外見上の違いから「外見を気にする」(劣等性) という意識につながりやすいのです。ライトはこれに対し、外見より人格的な価値、例えば、親切さ、知恵、努力、人との協力性などの内面的な価値の方が人としてより重要なのだという認識を持つことの必要性を強調しています。また、こうした認識に達することができるような価値観の転換が必要であると述べています。

以上のように、デンボーとライトは、障害を負った人が抱えるこころの問題は、障害者の"不幸"が直接的な原因であると説明しています。彼女らは、「不幸」から脱却した状態とされる「障害受容」に至るプロセスを心理的に示そうとしましたが、その主張は障害によって喪失した2つの価値観に生じた変化の心理メカニズムの解明に重点が置かれてしまいました。そのため、障害を受容するためには「気持ちを切り替える」こと、つまり「価値の転換が必要」と述べるにとどまっています。残念なことに彼女らの研究は、「気持ちを切り替える」ことの重要性は明らかにしたものの、苦しみの真っただ中にある人々に対し、「気持ちを切り替える」ための具体的な方法を示すまでには至らなかったのです。

（2）障害受容研究におけるステージ理論（stage theory）

　1960年代に入ると、障害を負った人が抱えるこころの問題の解決方法だけではなく、心理状態の回復プロセスに着目する研究が増えてきました。アメリカでは受障後に共通してみられる心理的反応として、悲嘆*3や悲哀*4という考え方が導入されました。さらに、受障後のこころの回復には、いくつかのステージ（段階）を設定するという理論モデルが提唱されました。これらが一般に「ステージ理論（段階理論）」と呼ばれるものです。

　障害の受容に至るにはいくつかの段階を経るとする考え方は、背景とする理論の違いから大きく2つに分けることができます[4]。1つは、障害を喪失としてとらえ、その後の反応を心理的な回復過程とするものです[5]。2つ目は、障害を一つの危機ととらえ、これに対処（coping）*5する過程に力点を置くものです[6]。

❶障害を喪失ととらえ、その後の反応を心理的な回復過程とする考え

　心理学者であると同時にポリオの後遺症があるナンシー・コーン（Cohn, N.）は、障害を悲嘆ととらえ、その後の回復を「悲哀の仕事（mourning work）」であると説明しました。そもそも「悲哀の仕事」とは、愛する対象（人）を失うことによって引き起こされる一連の心理過程（悲嘆）を表すものです。相手の死を知的に認識することと、こころから（情念）あきらめることは同一ではありません。一般に、こころからあきらめることができる境地に至るには、1年程度かけて行う「悲哀の仕事」が重要だといわれています。これが十分に行われない場合は、こころが病んだ状態のままとなってしまい、新しい人生を踏み出すことが難しくなるのです[7]。つまり、コーンのステージ理論では、「悲哀の仕事」をきちんと終えてからでないと、適応の段階に至ることはできないと説明しています。ただし、ここで問題となるのは、愛する人の死（対象喪失）と身体機能の障害を同列に扱うことができるのかということです。

＊3　愛する者との死別がもたらす気持ちの変化。悲嘆がうつ状態を引き起こすことは周知の事実であり、一般に死別後1か月で3割の人にうつ状態がみられる。
＊4　悲嘆を通夜、告別、墓参りなどの形で社会的に表したもの。
＊5　危機またはストレスを引き起こす状況に直面した時、これに対処しようとする努力を表す。

このような問題点を指摘することができますが、コーンは図2－1にあるように、受障後のこころの回復段階の理論モデルとして、①ショック期（shock：障害告知がなされても、患者が自分の身体に起きた障害を理解できてない状態）、②回復への期待期（expectancy of recovery：障害の現実にさらされるが何とかして回復できないものかとの思いが強くなる状態）、③悲哀または悲嘆期（mourning：やがて回復の期待がしぼんでしまい、喪失感に満たされてしまう状態）、④防衛期（defense：一方は残存機能を強化しようとするケース、他方は神経症的な反応を示すケースに分かれる状態）、⑤適応期（adjustment：最後に訪れる安定した状態）の5段階を提唱しました。
　コーンが提唱するそれぞれの段階は、受障後の正常な反応であるとし、時間の経過とともに自然に癒えていくことを想定しているものです[8]。なお、コーンは回復の最終的な段階については、受容（acceptance）ではなく、適応（adjustment）という概念をあてはめています。

❷障害を一つの危機ととらえ、これに対処する過程に力点を置く考え

　この時期、コーンと似たような受障後のこころの回復段階の理論モデルを心理学者のステファン・フィンク（Fink, S.L.）が提唱しています。ストレス学説[*6]の影響を強く受けたフィンクは、障害の受容に至る回復プロセスの中でも対処（coping）を重視しました。フィンクは回復段階として、①ショック期（shock、stress：パニック状態に陥るとともに障害は否認され、非現実的な安

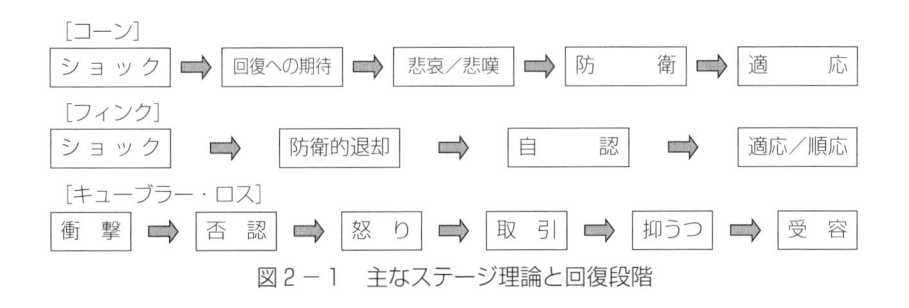

［コーン］
ショック ⇒ 回復への期待 ⇒ 悲哀／悲嘆 ⇒ 防　衛 ⇒ 適　応

［フィンク］
ショック ⇒ 防衛的退却 ⇒ 自　認 ⇒ 適応／順応

［キューブラー・ロス］
衝　撃 ⇒ 否　認 ⇒ 怒　り ⇒ 取　引 ⇒ 抑うつ ⇒ 受　容

図2－1　主なステージ理論と回復段階

＊6　カナダの生理・病理学者ハンス・セリエ（Selye, H.）が提唱した一般適応症候群。生体がストレスにあうとアドレナリン分泌を行う。次いで副腎皮質の肥大、胸腺・リンパ節の委縮、胃・十二指腸の出血や潰瘍などの疾患を発症するという理論。

らぎを得る状態）、②防衛的退却期（defensive retreat：障害という現実に直面するのを避けた非現実的な状態）、③自認期（acknowledgement：現実と直面せざるを得なくなる時期で、抑うつとなる状態）、④適応または順応期（adaptation and change：新たな価値を自己像に見出すことによって訪れる状態）の4段階を提唱しました。フィンクの回復段階の特徴は、最終段階として生物学的な意味合いの濃い適応（adaptation）という概念をあてはめていることです[9]。

わが国でも多くの読者を持つ精神分析医のエリザベス・キューブラー・ロス（Kübler-Ross, E.）は、200人の末期ガン患者に直接面談し、患者が死を受け容れるまでには6段階のこころの動きがあることを明らかにしました[10]。ロスは回復段階として、①「衝撃」、②「否認」、③「怒り」、④「取引」、⑤「抑うつ」、⑥「受容」の6段階を挙げています。

そもそもこのモデルは臨死状態にある患者を調査対象としたもので、患者の心配や恐怖、希望をより深く理解したいと願い、最後の数時間に何らかの支えになりたいとの思いから述べられたものなのです[11]。そのため、障害のある人や慢性疾患の患者が抱えるこころの問題の解決に援用するには無理があるとの指摘が当初からなされています。このような指摘があるにもかかわらず、わが国ではリハビリテーションの教科書にしばしば取り上げられてきました。

ここまで述べてきたように、障害受容に至るにはいくつかの段階を経る必要があると説明するのがステージ理論です。この理論モデルは、障害になった人のこころの変化を理解する上で、きわめて「わかりやすい」説明となっているため、わが国ではリハビリテーションに携わる専門職に急速に浸透しました。ところが臨床現場において、①この段階を安易に退院支援プログラムに適用してしまう医療者がいること、②うまく次のステージに進むことができない患者を追い詰めてしまうこと、③最後のステージになかなかたどり着けない患者に対し、本人の努力不足と決めつけてしまうことなどの実害が指摘されるようになったのです。

3 日本における障害受容モデル

　日本におけるリハビリテーション心理学に関する研究は、すでに第2次世界大戦中にはじまっています。多くの戦傷病者を生んだ戦争と戦後の混乱期を経て、1950年代後半から1960年代にかけてこの研究が本格化されました。その契機となったのは、アメリカにおけるリハビリテーション心理学に関する研究がわが国に紹介されたことです。グレイソンとデンボーは高瀬安貞によって、ライトは三沢義一によって、コーンは岩坪奇子によって紹介されました。その後、全国のリハビリテーション病院に心理スタッフが配置されるようになったこともあり、本格的に障害のある人の心理問題が研究されるようになりました。

　わが国のリハビリテーション心理学研究において忘れることのできない人にリハビリテーション専門医の上田敏がいます。上田は、「全人間的復権」としてのリハビリテーションの体系化を目指す見地から、障害の受容はリハビリテーションにおける「鍵となる概念」であると述べました[12]。

　上田は、リハビリテーションの目標について、身体部位の機能回復のみが目的ではなく、障害のある人を全体としてとらえ、その人が再び「人間らしく生きられる」ようになること（全人間的復権）だと述べています。人は障害によって多くを失い、障害を核とした「不幸の複合体」を形成するため、障害者問題は全面的であり、その解決も全面的であるべきだと述べています。そのため部分的な解決だけでなく、この国に生きる人として「人間らしく生きる権利」の回復、すなわち「全人間的復権」が必要だと主張するのです[13]。

　古牧節子は、障害の受容は「あきらめ」とは異なり、より積極的な意味を持つものであると述べています。障害受容は障害者が心理的に克服すべき課題であるとし、障害受容がなされることによって、「新しい自分に生まれ変わった」という自覚が持てると説明しています[14]。これを上田は「障害への安住」と表現しています。これは「あきらめ」とは対極にあるもので、自己の現状がそのままで最高、最良の状態であり、何らの改善の努力も要しないものであるかのように振る舞うことを意味するものだと述べています[15]。

　上田は、障害受容の本質について、デンボーやライトの主張した「価値の転

換」にこそあると述べています。障害が人としての価値を低めるものではないと認識でき、障害を受け容れることで恥の意識や劣等感を克服することが可能となり、積極的な生き方に転ずることができると述べています。上田の主張する価値転換の4側面は、デンボーやライトの理論をそのまま引用したもので、受容に至る過程は多様であるとしながらも、何らかの法則があると主張し、コーン、フィンク、キューブラー・ロスらが提唱したステージ理論を表2-1のように整理しています。そして、身体障害に対するリハビリテーション・プログラムを「表」とすれば、障害の受容に至るプロセスは「裏」にあたるものであるとし、両者の表裏一体性を強調しています。

　以上のように、上田の「障害受容」モデルは1980（昭和55）年当時の多様な受容理論を総合した日本独自のものとなっています。また、このモデルの根幹をなす「価値転換」と「障害受容における段階理論」はアメリカから導入されたもので、本来まったく別のモデルであるにもかかわらず、一つのモデルに統合されたのです。このモデルは、障害受容という困難な課題をわかりやすく説明している点で、障害者の支援に携わる多くの関係者から強く支持されました。1980年代以降、このモデルは、わが国の保健・医療・福祉・教育領域に影

表2-1　障害の受容の諸段階

ショック期	受障直後、集中的な医療とケアを受けている時点での心理状態。無関心な状態（apathetic）を示す場合が多い。
否認期	身体的状態が安定するとともに生物学的な保護反応は消失する。障害が治らないことが本人にもわかる状態であるが、本人は疾病や障害を否認（denial）する。この段階では奇跡に期待したり、リハビリテーション訓練に消極的となったり、障害者との同一視に反発を示す場合も多い。
混乱期	障害が完治することの不可能性を否定しきれなくなった結果起こる時期。攻撃性（aggression）が高くなる。外向的・他罰的な場合はリハビリテーション・スタッフや家族が怒りの矛先となる。内向的・自罰的な場合は抑うつ的となり、自殺企図に走る場合もある。
解決への努力期	内向きの自責が内面化する。自己責任を自覚し、他に頼らず自己で努力しなければならないことをさとる。訓練によるADLの向上など、現実的に明るい展開がある程度望まれることが前提条件となる。
受容期	価値の転換が完成し、患者が社会（家庭）の中で何らかの役割や仕事を得て、生活に生きがいを感じるようになる。

出典：上田敏「障害の受容―その本質と諸段階について」『総合リハビリテーション』8巻7号　医学書院　1980年　pp.515-521

響を与え続けたのです。日本のリハビリテーションの「教科書」の大半には、このモデルが紹介されています。

　その反面、この障害受容モデルは、障害概念のとらえ方そのものの変更を迫る問題提起を含んだ援助方法でもあったという事実を次節以降で紹介します。

第 2 節　障害受容に対する疑問

1　退院後の苦しみ

　前節で述べたようにステージ理論では、障害受容の各段階は一度受容がなされたら完了したかのような印象を患者や医療関係者に与えてきました。しかし実際の患者は、階段を上るように受容の段階を上げ、ゴールに到達することができるのでしょうか。実は、これには病院側の事情が深く関与しているのです。つまり、診療報酬の改定で、病院はリハビリテーション訓練を原則180日で終結させなければならなくなりました。このことと障害受容にゴールを設定するステージ理論が同一視された可能性は否定できません。また、ステージ理論が退院プログラムに利用された可能性も否定できません。しかもそこから、「障害の受容あっての自立」「障害の受容は自立の前提で、受容なしには自立はありえない」といった見方が生じていたのだとすれば、心理面に苦しみを抱える患者へのさらなる重圧となってしまっているのです。

　従来の考え方では、医療関係者にとって患者の退院は、患者に対する医療の終結を意味する面がありました。ところが、障害のある当事者（患者）の立場で考えると、病院から退院した後こそが「世間」との本当の戦いのスタートなのです。例えば、脳卒中の後遺症で入院し、血のにじむようなリハビリテーションを経て、やっとの思いで退院した患者にとって、自宅玄関前の階段は、自分の力ではどうすることもできない大きな障壁として目の前に立ちはだかります。もちろん、患者がお気に入りの2階の書斎に向かうことは自力では不可能です。さらに地域や学校、職場での何気ない日常が生きていくためのサバイバ

ルそのものになってしまうのです。それは、まさに「自分には障害があるのだ」という客観的な事実に立ち戻らされることであり、受障による不自由さだけではなく、「世間の目」の厳しさに気づきショックを受け、悩むことを意味します。単に「以前できていたことが障害のためできなくなった」ということだけではないのです。近親者が必要以上に配慮してくれたり、別の場面では無関心であったり、路上やバスの車内で周囲から浴びせられる好奇の目や蔑む目に戸惑うことなど、従来とは異なる生活のはじまりでもあるのです。

　障害受容の研究では、障害者本人のこころの問題に焦点をあて、回復のプロセスを歩むためのステージや価値観の転換を援助方法として提示してきました。しかし、上に述べたように本当のこころの苦しみは、自らの身体に起きた障害からくるものだけではないのです。そこには「世間の目」からくる苦しみが抜け落ちているのです。障害者の心理に関するこれまでの研究は、後者の苦しみを積極的に取り上げてきませんでした。本節では、この問題について詳細に検討を進めます。

2　障害受容論の問題点

(1) 不十分な支援

　ここに財布を落とした友人がいるとします。給料の大半を入れていた財布です。この時、友人には「気の毒だね」「きっと警察に届いているよ」などと慰めることも大切ですが、同時に帰りの交通費や食事代を立て替えてあげることも大切です。慰めが"喪失感（＝落胆）"への思いやりで、立て替えが"喪失（＝文なし）"への思いやりですが、どちらか一方だけでは十分な思いやりとはいえません。これと同じで、リハビリテーション患者の心理的支援（＝思いやり）には、喪失感と同時に喪失への対応を行うことが原則となるのです。

　ところが、障害受容は喪失感に対する心理的支援ではあっても、喪失[*7]に対する心理的支援にはなっていないのです。さらにいえば、ステージ理論は比較的広い範囲の喪失感を扱うことのできる心理的支援ですが、価値転換論は喪失感の一部（不運だと嘆いている）しか扱えないものです。これでは十分な心理

的支援を望むことはできないのです。

　もう一言つけ加えておくと、障害の原因疾患によっては、障害に特化した喪失と喪失感以外にも、多様な心理症状を併発することがあることを忘れてはならないのです。例えば、脳血管障害によるものでは、アントン症候群や血管性うつ病などの症状を伴うことがあります。こうした心理症状には障害受容は効果がないのです。

（2）方法論の不備

　前節で紹介した「悲哀の仕事」をリハビリテーション患者に適用することは誤りです。「悲哀の仕事」は愛する人の死別に伴う喪失感に対するこころのケアです。しかも死別以外には用いてはならないものです。例えば、全財産を失った人に対して、「悲哀の仕事（＝現実の直視と過去の想起を繰り返させる）」をさせるような愚かなことをしてはいけません。もし万が一、その人にそのようなことをさせようものなら、慰めになるどころか、かえって怒りすら買いかねないのです。

　なるほど、愛する人を失おうが、財産を失おうが、嘆き悲しむ姿は変わらないようにみえます。しかし、何を失ったかによって、思いやりのかけ方を変える必要があるのです。死別は、いわば生活の一部の喪失です。生活はそれまでよりも確かに制限されますが、立ち行かなくなるほどではないのです。そして、愛した人への未練を断ち切ることは生活再建への第一歩となるのです。一方、財産の喪失は、いわば生活全体の喪失です。その日から生活が立ち行かなくなるのです。だから、何よりも生活費の援助（＝生活の再建）が必要なのです。喪失感の緩和は二の次なのです。しかもこうした場合、喪失感の緩和は、生活

　＊7　例えば、視覚障害における喪失とは視覚機能を失うことである。それは視覚情報という入力側の障害だけではなく、視覚運動系という出力側の障害でもある。例えばリーチングである。ドアを開けようとしてノブに手を伸ばす時、すでに手はノブの形状に合うような形をとっている。これは、一つの運動パターンとして脳に記憶されていたもの（＝"こころの型"）が、ノブを見ることによって賦活されたためである。例えば、視覚障害ではリーチングが障害される。そのため視覚障害ではリーチングの"こころの型"を一からつくり直す必要がある。

の再建とまったく結びつくことはないので、「悲哀の仕事」はかえって喪失感を募らせる結果になりかねないのです。リハビリテーション患者の場合も、財産の喪失者と同じで、まったく生活が立ち行かなくなる。だから「悲哀の仕事」はリハビリテーション患者には有害なものといえるのです。

　価値転換論は、専門家による説得療法に分類することができます。しかし、具体的な手続きを欠いているため、技術（再現性が高い）というよりも、むしろ呪術（再現性が低い）のレベルにとどまっています。また、リハビリテーション患者が「運が悪かった」と口にするようになったら一安心というのがリハビリテーションに携わる者の本音です。さらにいえば、そこから価値観を変えるべく説得するよりも、むしろそこに至るまで患者のこころに寄り添うことの方が大切なのです。

3　新たな障害観の誕生

　北欧で産声を上げたノーマライゼーション思想は、世界の障害者福祉に質的な変化をもたらしました。国際連合における「知的障害者の権利宣言」（1971年）、「障害者の権利宣言」（1975年）への影響、さらには「国際障害者年」（1981年）、1983年にはじまる「国連・障害者の十年」はノーマライゼーション思想そのものを反映したものとなりました。

　1960年代後半にアメリカで起こった自立生活運動もまた、世界のリハビリテーションに大きな影響を与えました。「医学モデル」から「自立生活モデル」への転換を主張したガベン・デジョング（Dejong, G.）は、障害者問題を解決する主体は専門家ではなく障害者自身にあると述べました[16]。さらに、改善すべき課題は障害者の側ではなく環境にあり、これまでリハビリテーションの対象から除外されてきた重度障害者にも独立自尊の生活が許されるべきだと主張したのです。ここでは、障害者による障害者のための支援こそが障害者問題の解決につながるとの指摘がなされています。

　ノーマライゼーションと自立生活運動は、リハビリテーションのあり方に大きな影響を与えました。1980年に誕生したWHO（国際保健機関）の国際障害

分類（ICIDH）において、「病気／変調（Disease）」によって障害を負った人々が最終的には、社会的役割が遂行困難な状態である「社会的不利（Handicap）」にまで広げられることとなったのです[17]。

　21世紀に入ると、わが国においてもイギリスで誕生した「障害学（disability studies）」の影響を強く受けるようになります。障害学では、障害のある人が抱える困難の原因を、障害のある人の参加を拒む社会の側に求めるという「社会モデル」の思想が根底に流れています。障害者問題を障害者個人が抱える問題ととらえるのではなく、社会との相互作用でとらえようとする動きは、ICIDHの見直しを促しました。その結果、2001年に誕生した国際生活機能分類（ICF）において、「障害」は、心身機能・身体構造、活動制限、参加制約を包括する概念であり、人とその人の背景因子（個人因子・環境因子）との相互作用の中で否定的な側面を表すものと定義されました。

　以上のように、障害者が抱える困難は、障害者を生きづらくさせている社会の側にこそ原因があるのであって、個人（障害のある本人や家族）への障害受容の押しつけは世界的にみても、もはや時代遅れのアプローチとなっているのです。野中猛によると、アメリカにおいて「障害の受容」の問題は、社会環境側の問題として認識されており、障害者自身が解決すべき課題という発想はほとんどないと述べています[18]。

表2−2　従来のリハビリテーション規範と新しい自立生活規範

項　　目	リハビリテーション規範	自　立　生　活　規　範
問題の定義づけ	身体的欠陥／職業技能の欠如	専門家、親族、その他への依存
問題の所在	個人	環境：リハビリテーションプロセス
問題の解決	医師、理学療法士、職業リハビリテーションカウンセラー等による専門的介入	ピア・カウンセリングによる援助、自助による消費者の自主管理、障壁の除去
社会的役割	患者／クライエント	消費者
誰が管理するか	専門家	消費者
望ましい結果	最大限のADL、収入の上がる職業	自立生活

出典：障害者自立生活セミナー実行委員会編『障害者の自立生活』障害者自立生活セミナー実行委員会　1983年　pp.158-182

4 日本における「障害受容論」以後の主な研究

　わが国では、障害受容論に対する批判が1980年代以降数多く出されたにもかかわらず、2012（平成24）年現在においても、この方法に基づくリハビリテーション医療やその研究が影響力を持ち続けています。一例を挙げると、全国のリハビリテーション病院では、患者個々の「リハビリテーション総合実施計画書」作成が義務づけられており、そこには「障害の受容」の項目が設けられています。さらにその評価欄には、ショック期、否認期、怒り・恨み期、悲嘆・抑うつ期、解決への努力期、受容期の6つの段階が示され、入院患者の受容の段階（ステージ）を評価することが求められています。

　ステージ理論で示された直線的な回復プロセスについては、臨床現場を中心に発表当初から疑問の声が出されていました。これに対し上田は、「仮の受容」の存在を新たに示し、いったん受容しても、困難に直面することにより前の段階に戻ってしまうこともあると述べています[19]。また、障害者はそれぞれのステージを直線的に進むとは限らないことも新たにつけ加えています[20]。

　本項では、障害受容論以後の主な研究を取り上げ、その概要を検討します。

（1）回復（recovery）論

　障害受容による支援は、これまで運動機能系の障害のある人々を主な対象としてきました。近年、頭部外傷患者（高次脳機能障害）や精神障害者のリハビリテーションには、必ずしもこの方法が適切ではないことが明らかになっています。とりわけ精神障害者のリハビリテーションについては、回復（recovery）論が効果的とされています。

　回復論は、患者が自らの体験を語ることにより回復に導かれるという方法です。従来、身体障害者のリハビリテーションで実践されてきた回復に向けた支援は、各ステージの段階を上りながら最終目標を目指すというプログラムでした。ところが回復論では、当事者自らが目標を立てることからはじまり、日常生活の中で達成と失敗を繰り返しながら成長を図るというものです。受障後の絶望的な状態から希望を見出し、日常の様々な体験を通して困難を乗り越えて

いくもので、成長するにつれて生きる意味を発見していくという方法です[21]。

野中によると、リカバリー（回復）とは、本来「取り戻す」という意味があるとし、病気や障害をめぐってリカバリーを扱う場合、3つの意味に使い分けられていると述べています。

1つ目は、伝統的な使われ方で、病気が治ること、元に戻ることを意味するものです。しかし、実際のところ、病気が慢性化してしまう場合や障害を負ってしまう場合は、元の状態に戻ることは難しいのです。2つ目は、病気や障害に挑戦し、自分の人生を取り戻す過程としてのリカバリーの意味です。その視線は、意義ある人生を送るための目標達成に向けられています。3つ目は、専門家や専門機関など社会環境に対するリカバリーです。専門家や専門機関がリカバリーに向かう当事者を助けようとしているのか、阻害しようとしているのかに着目するものです。伝統的な医学モデルが阻害要因となっている場合は、それらを変革することが目的となる場合があります。なお、野中の主張するリカバリーは、2つ目と3つ目の意味を指しています[22]。

（2）新しい援助方法に向けて

水島繁美は、生態学的な方法（ecological model of adaptation）を用いた援助研究、さらにこれまでの研究を統合した研究は、障害受容モデル後の新しい援助モデルを生み出すことにつながるものだと述べています。さらに、これらの援助方法を構成する際、重要となる4つの因子を挙げています[23]。

1つ目は、疾患や障害に関する因子です。従来、障害者の心理に関する研究の多くは、脊髄損傷によって車椅子ユーザーとなった人、事故や病気で手や足を切断した人など、いわゆる「目に見える」障害が主な対象でした。ところが今日では、これらの障害に加えて、高次脳機能障害や発達障害、難病など研究対象が多様化しています。つまり、それぞれの障害者が抱える心理的な問題に対応した援助方法の開発が必要となっているのです。また、それぞれの障害者（患者）が急性期（発症〜2週ぐらい）にあるのか、回復期（2〜24週ぐらい）、維持期（おおよそ24週以上）にあるのかなどもふまえて考える必要があります。

2つ目は、個人的因子です。この因子は、障害のある人が抱えるこころの問

題を画一的な基準で推し量るのではなく、性別や年齢、経済状態など障害のある一人ひとりの条件をふまえて援助を検討するというものです。

3つ目は、パーソナリティ因子と呼ばれるものです。障害のある人の援助方法を検討するにあたって、障害のある人の個人的な特性である価値観、感受性、認知能力、危機に対する対処方法などをふまえる必要があります。

4つ目は、社会的因子です。これは、援助の対象である障害のある人が社会的な支援を得ることができる環境にあるのかどうかが重要となります。さらに障害のある人を取り巻く周囲の人々が、当事者に対し偏見を持っているのか、いないのかといった環境との関連をふまえる必要があるということです。

なお、水島のいう個人的因子と社会的因子は、第1章で述べたWHOのICFに取り上げられている背景因子（個人因子・環境因子）と同様のものです。

（3）障害受容による方法で進められた研究

障害受容による援助方法に対する批判が強くなってきた背景には、第1章でふれた障害の概念や本節第3項の新たな障害観で述べたように、障害者を援助するアプローチとして「医学モデル」から「社会モデル」導入の考え方、つまりICIDHからICFの障害モデルへの改訂といった世界的な障害観の変遷があります。本章で整理を進めてきた「障害受容」による援助方法は、まさに「医学モデル」の中で生まれ育ってきた考え方なのです。

次に、こうした文脈で進められたいくつかの研究例を紹介します。

リハビリテーション分野において坂本洋一は、障害受容におけるステージ理論を障害者の回復過程にそのままあてはめ、障害者が克服すべき課題だと述べています。坂本は受障者が障害受容を進めるための具体的な方法について論及していませんが、受障者が障害受容を適切に進めなければ社会適応訓練が円滑になされないと述べています[24]。この方法は、訓練担当者にとっては歓迎すべきことですが、障害受容が進まない患者にとっては過度の負担となりかねないという問題を含んでいます。

医療の分野においても同様の研究がみられます。石井均は、障害受容におけるステージ理論を障害者の回復過程にそのままあてはめています。さらに、受

障後の悲嘆を心理的な正常反応とした上で、カウンセリングを中心とした援助が効果的だと述べています。この方法論の問題点については後述しますが、こころの問題を正常反応とされた患者が適切な治療を受けられず、表2-3の自殺統計にあるように精神的に追い詰められる危険があります[25]。

　今川恵紀子らは、患者の失明そのものを障害受容と呼ぶとともに、失明に至る過程と死に至る過程は心理的なプロセスとしては同一であると述べています。この研究はキューブラー・ロスの「死の受容」の影響を強く受けたものと思われますが、人が体験できる「障害」と体験できない「死」を同一に論じることについて検討する必要を強く感じます[26]。

　ここに挙げたいくつかの研究に共通していえることは、障害者が抱える心理的な問題の解決を、障害受容による方法に求めている点です。さらに、障害者が抱える心理的な問題の背景にある社会との関連が考慮されていないため、その援助方法が障害受容に向けた患者個人（家族を含む）の努力に依存する内容となっている点です。

（4）障害受容をめぐる様々な議論

　障害受容による援助方法に対する様々な議論を整理すると、岡田武世らは障害のある人が自らの障害を受け容れるには、社会の支配的な価値観、例えば資本主義社会における競争力や生産力を中核とした価値観を内面化するだけではうまくいかないと述べています。つまり、障害のある人の困難を増幅させている社会そのものを変革することが前提になると述べています[27]。

　本田哲三らは、障害受容による援助方法はリハビリテーションの専門職に誤解を与えている面があると指摘しています。例えば、患者の多くが入院中に障害受容を果たすと思い込んでいる専門職が存在することです。そこで本田らは、障害受容の範囲を「回復断念に伴う価値体系の変化」に限定すべきだと述べています[28]。

　南雲は脊髄損傷患者の調査を通して、受容過程における「悲嘆」と「抑うつ状態」を鑑別することは困難だと述べています。その上で、「抑うつ状態」は外傷性の脊髄損傷患者の一部にしかみられなかったと報告しています。また、

心理面での適応については個人差が大きく、受障後の年数との間に特定の傾向はないと述べています。障害受容論では受障後の抑うつ状態の原因は、喪失に対する正常な心因反応としてきたため、積極的な抗うつ治療はなされませんでした。むしろ、受障後の抑うつ状態を身体的原因との関連から理解する必要があるのです。さらに一般的なうつの治療を行う必要があるのです。

さらに南雲は、患者のすべてが適応に至っていない実態について報告しています。このことと関連して、表2－3にあるように脊髄損傷患者の自殺率が一般の人口比と比較してきわめて高い率を示している点に着目すべきです。わが国で行われた最新の調査では、一般の人口比で9倍を超える数値を示しており、受障後、自ら死を選ばなければならなかった人々の思いをすべての援助者は重く受けとめる必要があるのです。

障害受容による援助の根幹をなす価値転換論は、個人の喪失感（失われた身体／失われた機能）を回復する過程でステージ理論と結びついたのですが、その後も障害者個人に向けられた社会の否定的な態度や社会的な排除を問題とすることはなく、障害受容の議論とは別にスティグマ理論[*8]として確立されてい

表2－3　脊髄損傷患者の自殺統計

報告者	報告年	期間	国名	対象数	死亡率	自殺率	一般人口比
Geisler	1977	1945-73	カナダ	1,501	28.51%	4.20%	1.7～5.0
	1983	1973-80	カナダ	1,478	13.12%	10.82%	1.0～2.4
Le & Price	1982	1963-76	アメリカ	417	6.71%	21.42%	―
Charlifue	1991	1957-87	アメリカ	5,200	9.23%	5.85%	4.8
Devivo	1991, 93	1973-84	アメリカ	9,135	9.34%	5.85%	4.9
内田・他	1999	1991-97	日本	3,127	7.55%	4.66%	9.47

出典：大田仁史監修、南雲直二『リハビリテーション心理学入門―人間性の回復をめざして』荘道社　2002年　p.44を一部改変

[*8] 人はスティグマのある人と出会うと過度の緊張が生じてしまうとゴッフマンは述べている。その原因として挙げた特性は、他の人と異なる特徴があるため注目を引き、見つめられれば誰もが顔をそむけ、他の属性など目に入らなくなるものと説明している（詳細は"Column 2"を参照）。

きました。

　以上のように価値転換論は、障害者に対して誤った「個人主義」（障害の受容はあくまでも個人的な問題であり社会との関連は考慮しない考え方）と「精神主義」（障害を克服する精神的な力を障害者に求める考え方）を強要してきました。実際、「障害受容に成功した」多くの障害者において価値観の転換がなされていたことは明らかになっています。しかし、援助の方法論として問題なのは、価値転換に至る方法が示されていないということなのです[29]。

　障害受容による援助方法については、当事者の立場から田垣正晋が批判しています。障害受容による援助は、障害者にとって抑圧となりかねない側面があるとし、その理由として中途障害は単なる喪失ではなく、恒常的な能力障害や社会的不利を意味するものであると述べています。また、上田が述べている「真の受容」など存在しないと指摘しています。さらに「真の受容」は「仮の受容」との対比で使用されますが、障害者にとっては、負担や抑圧になりかねない概念だと述べています。中途障害は単なる喪失ではなく、社会生活を送る上で様々な困難をもたらします。こうした困難が克服され、「真の受容」に至る障害者は実際にはきわめて少ないことについても述べています。

　田垣は、世の中で相対的に多数を占めている「健常者」（majority：マジョリティ[*9]）によってつくり出された価値規範と、世の中で相対的に少数の障害者（minority：マイノリティ[*10]）が持っている価値規範は必ずしも一致しないとした上で、「障害受容」による援助は、このことについて考慮していないと述べています[30]。

5　社会（他者）との相互作用を重視した援助論

　障害受容による援助方法では、障害者本人による受容に向けた不断の努力が

---

　*9　多数派、過半数を示すことばだが、ここでは、社会において多数派を占めている非障害者（健常者）を表す。
　*10　少数派や少数民族を示すことばだが、ここでは、社会において多数派を占めている非障害者（健常者）に対する障害者や難病患者を表す。

障害のある人のこころの回復につながるものと説明されてきました。ところが、臨床現場の医師や研究者から、障害者を取り巻く周囲の人々の障害への理解が障害者のこころの回復に深く関与するという主張がなされるようになってきました。このような障害者本人のこころの回復と、かかわり合う他者による支援との関連を検証する研究が、梶原敏夫や南雲らによってなされています。

梶原らは、脳卒中で受障した患者20人を対象に障害受容に関する調査を実施しました。その結果、患者の障害受容を促す要因の一つとして、「家族及び夫婦関係が良好であること」を挙げています。さらにこの研究では、家族による障害者の受け容れと障害者本人の自己受容との関連を調べた結果、統計学的に有意な関連があることが示されています。また、自己受容を阻害する要因としては、家族関係の不良や夫婦関係の希薄さを挙げています。

梶原は、障害受容を「本人が障害を受容することにより、周囲の人間関係の中で障害のこだわりが消え、日常生活の中で自己自身を受容している状態」と定義しています。このように梶原は、障害者のこころの問題を解決する方法として社会との関連を重視しているのです。患者に対するアプローチとしては、従来から行われてきた（障害受容による）援助方法では、疾患によって限界があると指摘しています。そこで新たに梶原は、家族介護者への援助を通して「環境としての人間関係」を整えることを提唱しています[31]。

南雲は、障害受容を2つの側面から再検討しました。1つは、障害者自身による苦しみの受容（自己受容）であり、もう1つは、他人から負わせられる苦しみの受容（社会受容）であるとしました。その上で、上田を中心とするこれまでの障害受容研究は、自己受容に偏っていると指摘しています。このことは、リハビリテーション病院の患者や障害者支援施設の受障者に実害をもたらしているのです。

例えば、他人から負わせられるこころの苦しみなど存在しないかのようであり、仮に存在したとしてもその苦しみの緩和を患者個人に任せ放しにしているのです。しかも受容が進まない患者に対し、個人の努力不足と決めつけてきたきらいがあるのです。社会受容という視点は、従来の障害受容の弊害である"行きすぎた個人主義"に反省を促す点で重要なものです。それのみならず、自己

受容がうまくいくのか、いかないのかとの関連に注意を向けさせる点でも重要な視点なのです[32]。

以上のように、本来は運動機能系の中途障害者を対象とする援助研究から生まれた障害受容論だったのですが、視覚障害者や聴覚障害者を含むすべての障害者に援用されるというわが国独自の援助方法となりました。

筆者は、リハビリテーション医療の発展期に患者のこころの問題を正面から取り上げたという点で障害受容論の果たした役割は大きいと考えています。1980年代以降、障害受容による援助方法の問題点が数多く指摘されるとともに、障害そのもののとらえ方に質的な変化が生じてきています。障害者に対する心理面の援助を検討するにあたり、単に古い方法を新しい方法に置き換えるのではなく、それぞれの理論的価値に着目した援助方法の検討がなされるべきなのです。

第 3 節　自己受容と社会受容

1　障害のある本人と直接かかわり合う他者

直接かかわり合う他者について、「家族」や「仲間」が中心であったAさんとBさんを取り上げ、2人のこころの回復過程と回復に影響を与えた援助についてみてみました。その結果、障害のある本人と直接かかわり合う人々との間でなされるふれあい（相互作用）が、障害のある人が抱えるこころの問題の緩和（障害の自己受容）に大きな影響を与えていることがわかりました。

2人は、進行性の目の疾患を有する弱視（ロービジョン：low vision[*11]）者です。医師から失明を宣告され、迫りくる失明の恐怖に耐えていました。さらに、周囲の人々との関係においても孤立を深めていきました。2人が抱えるこころ

[*11]　低視力を意味するもので、わが国では通常「弱視」を意味する概念。何らかの疾患によって全然見えないわけではないが、著しく見えにくい状態にあるものを指す。教育的な定義では0.04以上0.3未満。

の問題の緩和には、専門家による支援が大きな役割を果たしていましたが、同時に眼科病棟やリハビリテーション訓練で出会った同じ障害のある仲間（peer）[12]によるインフォーマル[13]な支援が効果を上げていました。

現在、職業人として活躍されている２人にインタビューさせていただきました。「自分にとって障害とは何ですか」という問いかけに対し、それぞれ次のように語っています。

　Ａさん（地方公務員）：いつ障害の受容ができたのかはわからない。目の病気になり急に見えなくなった頃は、自分がどうしてよいのかわからなかった。そのことの戸惑いから引きこもりになっていたのだと思う。高校を退学し特別支援学校（盲学校）に通学するようになってからは同じ障害のある仲間ができた。その頃の仲間とは今でもよく会っている。今は仕事についていくのが精一杯で、障害のことを忘れている時が多い。

　Ｂさん（マッサージ師）：受障後10年を経過した今でも障害の受容ができているとは思っていない。病気が進行してほとんど見えなくなってしまったが、自分の治療を待ってくれている患者さんがいると思うとマッサージ師として元気が出てくる。自分がここまでやってこられたのは、病気になってからも友だちが支えてくれたからだと思う。遊び仲間がいろいろなところに誘ってくれたのでくよくよしている暇はなかった。

進行性の疾患のある障害者のこころの問題は、機能障害の進行に対する不安と、そのことにより他者とのかかわりが薄れてしまうのではないかという不安とが結びついている点に特徴があります。とりわけ、視覚障害の場合、他者か

---

[12] 本書では同じ障害のある人、同じ疾患のある人を指す。リハビリテーション課程で形成される仲間グループによる相互支援は、受障後のこころの回復を促す支援の一つとして重要なサポート源となっている。

[13] 国や地方などの公的な機関を意味するフォーマルとは異なる家族、友人、仲間（peer）、地域住民やボランティアなど非公共部門を意味する。インフォーマルな支援は、非公式であるからこそ柔軟で多様な支援が可能となるともいえる。

ら何らかの働きかけがなされなければ、周囲の存在を確認することはできないのです。多くの進行性の障害者に対するインタビューで共通して語られるのは、受障とともに他者から孤立していくことへの恐怖感でした。

障害者が抱えるこころの問題に対する援助は、受障者と直接かかわり合う存在である周囲の人々（家族や仲間・その他）、さらにそれらの人々で構成される（心理、社会的な意味での）「コミュニティ」との関係に重点を置いて検討する必要があるのではないかと筆者は考えています。

2 社会（他者）との関連を重視した援助

日本ライトハウスで、障害者のリハビリテーション事業を支えてきた関宏之は、著書の中で「障害受容」について（「障害の克服」概念を同列に置いた上で）批判的に検討しています。最新の医療やリハビリテーション技術のレベルでは、機能障害による制限や制約を完全に補完したり除去したりすることは不可能であるとした上で、その制限や制約を被った受障者は、その理不尽さを何の抵抗もなく受容することはできないのではないかと述べています。

障害受容による方法では、①障害を受容できないために生じた拒否的な態度を「心理的不適応」と切り捨て、その原因を障害のある本人の精神的な努力に求めてきたと指摘しています。さらに、②「障害受容」という名のもとに適応指導を行うことが「心理的指導」であるとしているのは、二重の誤りであるとも指摘しています。

誤りの①について関は、社会的不利を排出している社会構造の欠陥を隠蔽している点にあるとし、誤りの②は、障害者問題の解決を障害者自身に委ねているという点にあると述べています。

①は、むしろ社会（障害のある人とかかわり合う他者を含む）が行うべきもので、社会が障害者をどう受容するかの問題であり、障害当事者の努力だけでは解決できない問題であると指摘しています。これらは、先述した南雲による障害受容を２つの側面から再検討した結果、つまり「社会受容」「自己受容」として整理した概念と共通する考え方です。従来の障害受容論では、この問題

を解決するための具体的方法を示さないままに、当事者個人に精神的努力を強いてきたのです。

関は、障害者福祉のパイオニアである岩橋武夫氏（1898-1954年）の功績にふれ、障害受容論の問題点を述べています。障害当事者である岩橋は、障害者を取り巻く社会の変革を求めて障害者福祉に取り組んだ人です。障害者に対し否定的な社会に安住することをよしとする障害者やこうした社会を容認する福祉関係者を厳しく批判した上で、心理的リハビリテーションの名のもとに、「障害を克服する」「障害を受容する」というありきたりのことばや技術論で障害者を語ることは傲慢でしかないと述べています[33]。

障害受容論に基づく援助方法について、髙林雅子は、失明した患者のことばを引用し、たとえ「障害者でよかった」という心理状態に至っても障害は障害であり、見えないという問題に何ら変わりはなく、もし「見えていたら」という思いは一生続くのではないかと述べています。さらに、中途障害者の多くを占める進行性の患者の心理過程を取り上げ、障害受容論でいう心理状態の段階的な把握は不可能であると述べています。また、中途障害者の心理に影響を与える要因として、1つは、障害者本人の年齢や性別、パーソナリティに関すること。2つ目は、どの部位、またはどの機能が障害を受けたのか。疾患の場合は、その特徴、例えば、予後について関することなど。3つ目には、本人の障害を理解し支えてくれる医療があるのかどうか、本人をこころから支える家族を含む他者の存在の有無を挙げています。

髙林によると、障害を負うということは身体の一部を喪失し、その機能を失うだけではなく、障害者という新たな社会的な役割を背負わされることに着目すべきと述べています。失明した患者の訴えにみられるように、「白杖[*14]を持つことに踏ん切りがつかない」「白杖を持つこと（世間体を気にする）を家族から反対された」などといった声を取り上げ、障害者となった本人並びに本人を支える立場にある家族のこころの葛藤に対し、そのこころに寄り添う援助が

---

*14 視覚障害者が単独で歩行する際、重要となる補助具。路面の状況を杖の先を通して知ることができるが、白杖を持つことが他者に対し自らの障害を強く印象づける面を持つため、中途障害者ではその携行に抵抗を示す事例が数多くみられる。

なされるべきだと述べています[34]。

　中途視覚障害者のセルフヘルプ・グループの一つである「タートルの会」は、障害受容の重要性を認めつつも、受障者個人が克服すべき課題ではなく、同じ障害を持つ仲間との交流を通して受容はなされるべきだと述べています。中途障害者のTさんは、中途視覚障害者を励ます講演会に参加し、受障後のモヤモヤとした胸の内を参加者の前で発表しました。講演会が終了した後、同じ障害のある3人の仲間がTさんのもとに駆け寄り、孤独の中で沈み込んでいたTさんを励ましたのです。これを機にTさんは、積極的にリハビリテーションに取り組むようになったそうです[35]。

　国立視力障害センターの上田幸彦は、障害者にとって障害受容は重要な問題であるとしながら、具体的な援助方法が明らかにされていないことを指摘しています。受障後のこころの葛藤を正常反応とみるのではなく、受障者のこころの健康を科学的に測定し、積極的に心理介入することが援助方法として重要だと述べています[36]。

3　障害受容に代わる援助方法

（1）障害受容による援助方法の問題点とは

　これまで述べてきたように、中途障害者のこころの問題の解決は、肢体に障害のある人々を対象とする援助方法をもとに検討されてきましたが、この方法による問題点が指摘されるようになってきたということです。障害受容による援助方法の最大の問題点は、障害のある本人の力では解決することが困難な問題についてふれていないということです。つまり、障害のある人を取り巻く社会による障害者本人の受け容れの問題（社会受容の問題）に対する配慮の欠如です。同時にこの問題の解決は、障害のある人と直接かかわり合う他者との関係に配慮した支援方法を検討することで、解決への道筋がみえてくるのではないかと筆者は考えています。

　本章では、障害のある人が抱えるこころの問題を援助する研究を検討するにあたり、「障害受容」による方法を検討しました。障害受容はリハビリテーショ

ン心理学において、こころの回復の「鍵となる概念」とされ、わが国の援助研究に大きな影響を与えてきました。ところが、障害受容による援助が導入された1950年代当初と現在を比較してみると、障害者を取り巻く社会環境は大きく変化しています。現在の社会環境はバリアフリー化が進むとともに、障害者や非障害者の意識そのものに大きな変化がみられます。

　従来の援助方法を整理すると、世の中で大多数（マジョリティ）を占める健常者（非障害者）の価値規範に、少数派（マイノリティ）の障害者を適応させることを前提として研究が進められてきました。障害者が本人の努力で障害を克服することによって、はじめて自立を果たすことができ、健常者（非障害者）の仲間に入ることができるという考え方がその根底に流れています。

　1990年代以降、従来の援助方法やその考え方に対し、医療や福祉の現場から、さらに障害のある当事者から疑問の声が次々と上がりました。その後、活発な議論が行われた結果、すでに述べた梶原や南雲の研究にみられるような、障害のある当事者本人と社会（他者）との関連を重視した援助方法を評価する声が増えてきています。さらに、WHOによるICFの登場は、「（受容すべき）障害とは何か」という意味での問い返しとして、障害概念のとらえ方そのものの変更を迫る問題提起を含んでいます。つまり、障害受容による援助方法は、もはや終わりの時期を迎え、新たな援助方法の構築が必要となっているのです。

　従来の援助方法の問題点を検討した結果、障害者が抱える心理的問題の解決には、以下に挙げる5つの課題に取り組むことが必要です。

　1つ目は、元気をなくしてしまうことへの対応です。従来の悲嘆の回復による方法では、受障後の悲嘆を唯一の心理的問題ととらえ、「悲哀の仕事」によって回復を図るというものでした。すでに述べたように、この方法によるうつへの対処（正常反応とみるため積極的な治療を行わない）は問題が多いとともに、支援方法としても不完全なものとなっています。うつに対しては、むしろ標準的な治療が求められています。

　2つ目は、人はハビトゥス（habitus）とも呼ばれる習慣的動作を身につけています。ところが、障害によって新しく変化した身体に対応した習慣的動作を獲得する必要があるのです。つまり、新しく変化した身体に対し、"慣れ

や"自覚"の形成を促すための援助が必要となるのです。

　3つ目は、自信をなくしてしまうことへの対応です。人は、脳内に再現された活動を表す"こころの型"を持っています。障害によって"こころの型"は損傷されるため、新たにつくり直す必要があるのです。中途障害者の多くが変化した身体に戸惑いを感じています。さらに、障害そのものを認識していない場合や、障害のある自分とは何なのかという疑問にぶつかり、心理的な面で不安定になっていることを支援者は理解する必要があるのです。

　4つ目は、障害によって仕事を失うなどして、生活の基盤そのものを失ってしまうことへの対応です。このような不安を軽減するためには、衣食住を含む安定した生活の再建が不可欠となります。従来から失職や離職に起因する生活問題に着目し、所得保障や就労・復職に向けた支援によって生活問題を解決し、心理的安定を生むという方法がとられていますが、こうした支援のさらなる充実のためには、セーフティネットの充実や地域の社会資源との連携が必要です。

　5つ目は、障害が他者(家族や世間)に与える影響です。つまり、受障によって家族や世間との人間関係が破たんしてしまうことへの対応です。その結果として、障害者が心理的、社会的に孤立してしまうという問題です。極端な場合は、社会的に排除（Social Exclusion）されてしまう問題としてとらえる必要があります。

（2）障害のある人が抱える心理的問題の解決に向けて

　障害のある人が抱えるこころの問題を検討する際、本人が置かれた社会的な立場や「アイデンティティ」、家族や仲間、地域を含む他者との関係性に配慮する必要があります。「アイデンティティ」とは、本来、自己同一性や集団への帰属意識を指すものです。視覚と聴覚を失った福島智は、何よりも"孤独"を強く感じたといい、生きることは、人と"つながる"ことだと述べています[37]。この問題の解決方法としては、1つは、家族に対する援助や障害者を排除しないための社会啓発を行うことです（社会受容）[38]。もう1つは、障害者がセルフヘルプ・グループに参加し、仲間同士による"支え合い"によって回復を図

ることです。

　筆者は、従来の援助方法の多くが、受障によって起こる心理面の「問題的側面」に力点を置くものであったととらえています。その方法論は具体性を欠くものとなっており、その治療（支援）効果には疑問を持たざるを得ませんでした。その中でも代表的な方法の一つである障害受容による援助方法を取り上げ、その問題点を詳細に検討しました。一方で、第1章で述べたように、援助本来の目的である心理面の「治療的側面」に力点を置いたアプローチは、本章で検討した障害受容に代わる援助方法といえるものです。

　次章では、そのアプローチの中でも近年注目されている仲間同士の相互支援（主として"ピア・サポート"による方法）を詳しく取り上げ、そのメカニズムと支援効果を実証的に検討します。

【引用文献・参考文献】

1) Grayson, M., *Concept of " acceptance " in physical rehabilitation*, J. A. M. A. 145, 1951, pp. 893-896.
2) Dembo, T., Leviton, G.L., et all, *Adjustment to misfortune:A problem of social-psychological rehabilitation*, Artificial limbs 3, 1956, pp. 4-62.
3) Wright, B.A., *Physical disability : A psychological approach*, NY : Harper & Row, 1960, pp. 106-137.
4) 南雲直二・本田哲三「障害の『受容過程』について」『総合リハビリテーション』20巻3号　医学書院　1992年　pp. 195-200
5) Fink, S.L., *Crisis and motivation : A theoretical model*, Archives of Physical Medicine&Rehabilitation 48, 1967, pp. 592-597.
6) Cohn, N., *Understanding the process of adjustment to disability*, J Rehabil 27, 1961, pp. 16-18.
7) 小此木啓吾『対象喪失―悲しむということ』中央公論新社　1979年
8) 前掲書6　pp. 16-18
9) 前掲書5　pp. 592-597
10) E・キューブラー・ロス著、鈴木晶訳『死ぬ瞬間―死とその過程について　完全新訳改訂版』読売新聞社　1998年
11) 南雲直二『障害受容―意味論からの問い　第2版』荘道社　1998年　p. 63
12) 上田敏「障害の受容―その本質と諸段階について」『総合リハビリテーション』8巻7号　医学書院　1980年　pp. 515-521
13) 上田敏『リハビリテーションを考える―障害者の全人間的復権』青木書店　1983

年

14）古牧節子「障害受容の過程と援助法」『理学療法と作業療法』11巻　医学書院　1977年　pp. 721-726

15）前掲書12　pp. 515-521

16）障害者自立生活セミナー実行委員会編『障害者の自立生活』障害者自立生活セミナー実行委員会　1983年　pp. 158-182

17）下村晃月「『障害受容』概念の文献的考察—社会的文脈から捉える新しい障害受容の概念」『国際リハビリテーション看護研究会誌』6巻1号　国際リハビリテーション看護研究会　2007年　pp. 33-39

18）野中猛『図説リカバリー—医療保健福祉のキーワード』中央法規出版　2011年　p. 29

19）大江健三郎・正村公宏・川島みどり・上田敏『自立と共生を語る—障害者・高齢者と家族・社会』三輪書店　1990年　pp. 42-52

20）上田敏『ブルーバックス　リハビリテーション—新しい生き方を創る医学』講談社　1996年　pp. 184-189

21）水島繁美「障害受容再考」『リハビリテーション医学』40巻2号　リハビリテーション医学会　2003　pp. 116-120

22）前掲書18　p. 37

23）前掲書21　pp. 116-120

24）坂本洋一『視覚障害リハビリテーション概論』中央法規出版　2002年　pp. 155-168

25）石井均「中途失明者の心理的危機とリエゾン・コンサルテーション」『看護技術』Vol. 41 No. 15　メヂカルフレンド社　1995年　pp. 24-28

26）今川恵紀子・木村恵子・宮島美幸・岡田多美子・難波妙子「視力障害のある患者の看護　看護の視点—中途失明者の障害受容とその援助」『看護技術』Vol. 41 No. 15　メヂカルフレンド社　1995年　pp. 68-72

27）岡田武世・定藤丈弘・岡本民夫・豊島律『人間発達と障害者福祉—障害者福祉論の新しい展開』川島書店　1986年

28）本田哲三「脊髄損傷患者のリハビリテーションプログラムと障害の自覚過程について」『リハビリテーション医学』25巻1号　日本リハビリテーション医学会　1988年　pp. 43-50

29）南雲直二「脊髄損傷患者の障害受容—stage theory 再考」『総合リハビリテーション』22巻10号　医学書院　1994年　pp. 832-836

30）田垣正晋「障害受容概念における生涯発達とライフストーリー観点の意義—わが国の中途肢体障害者の研究を中心に」『京都大学大学院教育学研究科紀要』48巻　京都大学大学院教育学研究科　2002年

31）梶原敏夫・高橋玖美子「脳卒中患者の障害受容」『総合リハビリテーション』22巻10号　医学書院　1994年　pp. 825-831

32）柏倉秀克・南雲直二「自己受容と他者の相互作用（ズレ）の関連—視覚障害事例を通して」『総合リハビリテーション』31巻8号　医学書院　2003年　pp. 837-842

33）関宏之『障害者問題の認識とアプローチ』中央法規出版　1994年　p.51
34）河野友信・若倉雅登編『中途視覚障害者のストレスと心理臨床』銀海舎　2003年　pp.74-86
35）タートルの会『中途失明―それでも朝はくる』まほろば　1997年　pp.23-24
36）上田幸彦「中途視覚障害者のリハビリテーションにおける心理的変化」『心理学研究』第75巻第1号　日本心理学会　2004年　pp.1-8
37）福島智『生きるって人とつながることだ！』素朴社　2010年
38）南雲直二『社会受容―障害受容の本質』荘道社　2002年
39）南雲直二『エッセンシャル・リハビリテーション心理学』荘道社　2006年
40）フロイト著、井村恒郎・小比木啓吾訳『フロイト著作集　第6巻―自我論・不安論』人文書院　1970年
41）高瀬安貞『身体障害者の心理―更生とその指導』白亜書房　1956年
42）水野祥太郎・小池文英・稗田正虎・松本征二監修『リハビリテーション講座　第3巻　リハビリテーションと学校教育・社会的更生・心理的更生』一粒社　1967年
43）岩坪奇子「障害の受容過程に関する研究3―交通事故による切断者の事例」『身体障害者更正指導実務研究会研究報告抄集』国立身体障害者更生指導所　1971年
44）柏倉秀克・南雲直二・新井美千代「視覚障害者の心理と支援―中途障害を中心に」『総合リハビリテーション』40巻9号　医学書院　2012年

Column 2 "少女の手紙"

ローンリハーツ様
　私は一六才です。もしあなたが私にどうしたらよいのかお教えくださったなら、この上ないことですし、大変感謝いたします。私がまだちっちゃかったときは、それほどひどくなかったのです。それというのも、近所の子どもたちのいたずらにはなれっこになっていましたから。この頃、ほかの女の子と同じようにボーイフレンドをもち、土曜日の夜にはデートをしたいと思うようになりましたが、誰も私を連れて行ってくれません。というのは私には生まれたときから鼻がないからです──でも私は上手に踊れますし、スタイルも中々です。父はきれいな着物を買ってくれます。
　私は一日中鏡を見ては泣いています。私の顔の真ん中には大きな穴があり、みんなは怖がります。私だって怖いぐらいです。ですから男の子が私を連れて行きたいと思わなくても仕方ないと考えています。母は私を大事にしてくれます。でも、私を見ると大変泣きます。
　こんなむごい目に会うなんて、私がいったい何をしたというのでしょう？何か悪いことをしたとしても、一つになる前には何もしていません。私はこんな風に生まれついたのです。パパに聞いてみるんですが、彼も知りません。もしかすると、生まれる前に、前の世で何かしたのかもしれません。あるいはもしかすると、彼の犯した罪の報いを受けているのかもしれません。でもそうも思えません。だって彼はとってもいい人なんですもの。私は自殺すべきでしょうか？

　　　　　　　　　　　　　　　　　　　　　　　　絶望している娘

出典：アーヴィング・ゴッフマン著、石黒毅訳『スティグマの社会学─烙印を押されたアイデンティティ』せりか書房　1984年　冒頭から抜粋

第 3 章

こころに寄り添う支援

　前章で述べたように、障害のある人が抱える心理的な問題の緩和は、従来、障害者本人が解決すべき問題として扱われてきました。21世紀を迎え、障害者を取り巻く環境は大きく変化しました。世界保健機関（WHO）の国際生活機能分類（ICF）にみられるように、障害者問題は障害者個人へのはたらきかけだけで解決を図るのではなく、障害者が生活する人的、物的な環境との関連で解決方法を考えるという方向へ変化しています。

　本章では、はじめに障害のある子を持つ家族が抱える苦悩に焦点をあてます。筆者が調査した3つの親の会を取り上げ、障害児を持つ親や障害のある親の心理的な問題とその緩和へ向けた相互支援の実際を検討します。

　次に、比較的軽い障害のある人が抱える心理的な問題を取り上げ、障害者と健常者の中間に位置する「どっちつかずの生きづらさ」について検討します。

　最後に、同じ障害のある「仲間」による支え合いが、心理的な問題の緩和に与える影響を検討します。

第 1 節　障害のある人（子）とその家族

1　親の会を通じた受容の道筋

　筆者は障害のある人々を対象に、受障直後の不安定な状態からこころと身体が回復し、安定した日常生活に至る過程について調査しました[1]。その結果、

受障から回復に至る過程は個々人において多様であり、受障原因や受障した年齢、家族との関係や社会的な立ち位置などに応じた多様な支援の必要性が明らかになりました。受障後の治療やリハビリテーション場面での（同一の障害のある）仲間との出会いは、受障者が抱える心理的問題の回復を促す上で重要な役割を果たしています。受障後、孤立した状況に置かれやすい受障者にとって、同じ障害のある仲間との交流の場は、回復へ向けた重要な足場となっています。ここでの相互支援（支え合い）は、共通の体験を持つ者同士だからこそできるものです。こうした経験は、人間関係を再建する際の土台となると同時に、仲間から与えられる体験的知識は、医療、福祉、職業情報の共有にもつながっています。すでに述べてきたように障害受容による援助では、障害のある本人の自己受容のみが強調されてきました。しかし、障害受容を自己受容と社会受容という2つの側面からとらえることが重要です[2)]。これは、障害のある子を持つ親や障害のある親が抱える心理的問題の回復プロセスにおいても同様にいえるものであり、自己受容は、時間をかけて当事者（親、子）が自己の障害を受け容れていくことです。これに対し社会受容は、第1に障害のある子を持つ親を中心とした家族が重要な担い手となります。第2に障害のある子を持つ親同士や障害児者やセルフヘルプ・グループがその担い手となり、社会が当事者を受け容れることを意味するものです。

　本節では、1990年代以降各地に組織され、その後、広がりをみせている親の会を取り上げます。視覚に障害のある子を持つ親や障害のある親が、会の活動を通して子どもの障害をどのように受けとめた（社会受容）のかについて、親の会への参与観察[*1]を通して明らかにします。

2　3つの親の会

　本節で取り上げたのは、3つの親の会（セルフヘルプ・グループ）です。調

[*1] 調査者が、対象とする集団の一員として生活しながらその実態を多角的に観察する方法。外部からの観察が困難な集団の調査には効果的で、集団を構成する人々の内面を深く理解することができる。

査対象となるグループの選定にあたっては、次の2点を条件としました。1点目は、視覚障害当事者である親または視覚に障害のある子の親が運営を担っている会です。この調査では、親の会における相互支援を明らかにすることが主な目的であるため、数多く存在する専門職や専門機関が主導する会は対象から除外しました。2点目は、1990年代以降に成立した比較的新しい会です。久保紘章らによれば、セルフヘルプ・グループは、会の誕生から時間が経過し、そのステージが高くなるにしたがって、市民運動志向が強くなる傾向があるのです[3]。このため今回の調査対象からは除外しました。

調査対象として取り上げた会は、①視覚障害者が子育ての悩みを語り合う「かるがもの会」、②子どもか本人が視覚障害に至る可能性の高い病気を持つ親の集まり「すくすく」、③先天性の眼の病気の子や視覚障害の子を育てる「あいらんど」の3つとしました。久保らによると、これらの会は、セルフヘルプ・グループを大まかに6つに分けた場合の家族自助志向群[*2]、自律相助志向群[*3]に該当するものです。筆者は2002（平成14）年に会のキーパーソンを中心に会員への聞き取り調査を実施しました。さらに、それぞれの会の出版物や機関誌、ホームページに掲載された会員や関係者の声についても調査し、個人情報の保護に留意した上でこれらのデータを整理しました[4]。

調査の概要としては、3つの会の成立過程、会の目的、役員と会員との関係、会と専門職との関係、主な活動内容、広報活動、それぞれの会の相互援助機能等の他、会員が子どもの障害、または自らの障害と向き合っていく上で、会の相互援助活動にどのような効果があったのかについて調査しました。

なお、会の役員、またはキーパーソンと筆者との間には、過去に視覚障害教育実践を通じた信頼関係が存在しており、参与観察、聞き取り調査に際しては積極的な協力を得ることができました。

---

*2 医師・教員等や専門機関を対象に、家族や専門家等が代弁して本人の抱える問題・課題の対応・対策を要求するグループをいう。障害や難病関係の家族会がその典型。

*3 同一の疾病や障害等の問題を抱えるもの同士が、仲間の情報を交換し合ったりして、励まし合い、孤立・孤独を防いで助け合う等の活動を行うグループをいう。

第3章　こころに寄り添う支援 | 073

表3-1　親の会のプロフィール

会の名称	かるがもの会 ―視覚に障害を持つ親とその家族の会―	すくすく ―網膜芽細胞腫の子どもをもつ家族の会―	あいらんど ―先天性の目の病気の子とともに歩む会―
発足年	1991年	1994年	1996年
親の障害	視覚障害者	網膜芽細胞腫患者中心	健常者（視覚障害者含む）
子の実態	視覚障害児を含む	網膜芽細胞腫患者	先天性視覚障害
会員数	約100家族	約100家族	約110人
キーパーソンのプロフィール	盲学校教員、全盲、女性	ソーシャルワーカー、女性	看護師、先天性白内障、女性
活動内容	交流会：年3回 総会：年1回	定例会：毎月 総会・勉強会：年1回	役員会：隔月 総会・交流会：年1回
会誌	かるがも新聞（隔月発行）	ニュースレター（年3回）	あいらんど（隔月発行）
会発行の本	『目の見えない私たちがつくった子育ての本』	『すくすく育て、子どもたち』	
専門家との関係	関係は薄い	病院と濃密な関係 患者会に近い性格	一定の距離を持つ関係 専門家による講演はある
広報活動	会員の紹介等	がんセンター外来に会の本部を常置、医師の紹介	新聞、育児雑誌掲載 保健所等への広報

※　調査実施時（2003年）のデータに基づき作成

3　親の会の活動

（1）かるがもの会

　会は1991（平成3）年に結成され、調査時点で100家族を超えています。会が結成された当時、視覚障害者が子育てをする際の情報はきわめて限られたものでした。実際、視覚障害者のために書かれた育児書、点訳[*4]された一般の育児書はもちろんのこと、点字の母子健康手帳ですら簡単に手に入る状況にはなかったのです。日頃の育児ストレスを遠慮なく発散し、モデルとなる子育てがない中で各自の工夫や経験を交換し合える場を求めて、子育て中の視覚障害の

---

*4　活字で表された情報を視覚に障害のある人が読むことはできない。したがって、「指」でふれて読むための点字の情報に変換する必要がある。かつては、点訳ボランティアによる手作業が中心であったが、近年ではパソコンを活用し点字プリンタで印刷するケースが増えている。

ある親たちが集まり、この会は成立したのです。

　会員は親が視覚障害者であることを原則としていますが、障害のない親も入会することができます。結成当初の規約では、総会の議決権は視覚障害者に限るとしていました。これは、実質的に専門家が支配している会、宗教色の濃い会、政治色の強い会などへの移行を防ぐため、発起人が規約に加えたものでした。その後、会の順調な成長に伴ない、会全員に議決権が与えられるようになっています。ただし、会の役員の3人のうち、2人については視覚障害のある者とすることで、「本人の会」としての機能の維持を図っています。

　江村佳巳らが実施した会員対象のアンケート調査から、子育てで感じている悩みや不安、親の会へのニーズを読み取ることができます[5]。

　1つ目は、障害のある親に子育てができるのかという不安があります。例えば、授乳と調乳（乳児の月齢、発育状態などに応じて乳製品を適度な濃度と量に調整すること）、離乳食の与え方からおむつ換え、誤飲、火傷、入浴時の安全確保に至るまで視覚情報のない親にとって、その不安は深刻です。また、遺伝性の疾患を持つ親の場合は、その不安はより深刻です。

　2つ目は、病院や医療者とどう接するのかという問題があります。例えば、妊娠がわかった時に医師から、「おめでとう」の代わりに「中絶するなら早い方がいいですよ」と言われた母親の悔しさが報告されています。今日でも障害者は子どもを生まないものと考える医療者が存在しています。このような状況で障害のある親が医療機関とどうかかわっていくのか、障害のある親として医師に何を伝えていくのかに会員の関心が集中しています。

　3つ目は、公的なサービスについての不安です。障害のある親が子育てを進める上で、ガイドヘルパーやホームヘルパー等公的な福祉サービスは必要不可欠となっています。また、地域のボランティアによる支援への期待も大きいのですが、満足できるサービスを得られていないのが現状です。

　4つ目は、障害のある親にとって、子どもが幼児期を終えるまでの育児には困難があります。例えば、安全上の不安から子どもを一歩も外に出さず、家に閉じ込めがちな家庭も多くあります。集団生活を体験させるため、幼稚園や保育園への早期入園を希望する親も多いのですが、園への送り迎えや「連絡帳の

取り扱い*5」、行事への参加の困難さなど、入園後の不安も少なくありません。

5つ目は、子どもが成長するにつれ、親の障害をどうとらえていくのかという不安です。また、親として子どもに障害をどう伝えていくのかという悩みもあります。

6つ目は、障害のある親による子育てに対する社会の眼差しへのとまどいも、親にとっては大きな負担となっています。実際、障害のある親に対し発せられた「偉いわね、ところで誰が赤ちゃんのお世話をしているの」ということばが、障害のある親の生きづらさにつながっているのです。

(2) すくすく

1994（平成6）年に結成されたこの会は、調査時点で100家族を超えていました。森愛子らによると、会は「網膜芽細胞腫の子どもを持つ家族の会がほしい」という母親の願い、国立がんセンター*6でボランティア活動をしていたシスターのアドバイス、国立がんセンター中央病院小児科の家族の会*7の後援を得て成立しました[6]。当初、国立がんセンターを受診する家族のみでスタートしたのですが、徐々に他の病院の家族も加わることになり、全国組織として活動するに至っています。

網膜芽細胞腫*8は、眼にできる遺伝性のがんですが、小児で発病するため進行も早く、これまでは眼球を摘出する治療が中心となっていたため、家族にとっ

---

*5 視覚に障害のある親にとって学校から配付される連絡帳や案内は、そのままでは読んだり書いたりすることができないため、家族やボランティアによる朗読や代筆等の支援が必要となる。
*6 網膜芽細胞腫治療の専門医療機関。とくに眼球摘出しない保存療法については、国内唯一の医療機関とされている。
*7 「すくすく」の結成以前から地道な活動を続けている家族会。会の名称は「コスモス会」。
*8 網膜から発生する悪性腫瘍で乳幼児に多い病気。発症頻度は1万5,000人に1人で、性別、人種、地域による違いはない。一般に両眼性の網膜芽細胞腫の患者が出産した場合、50％の子どもが発病する。網膜芽細胞腫の治療は、眼球摘出手術と保存療法に分けることができる。前者は、基本的な治療法で手術後は義眼を装着する。後者は、摘出せずに腫瘍を死滅させる治療法で放射線外照射法、化学療法、眼球温熱療法、冷凍凝固、光凝固、光化学療法、コバルト60強膜縫着療法などがあるが、激しい副作用があるとともに転移を防げない場合もある。

てはつらい選択を強いられる病気だったのです。

　こうした事情もあり、この会は医療機関との関係が深く、いわゆる「患者会」としての性格が強くなっています。会の集まりは国立がんセンターの協力を得て、センター内の施設を利用しており、活動は毎月開かれる例会が中心になっています。例会では会員が抱える病気や治療に関する心配、子どもの現状や将来に関する不安などを出し合い、会員が自由に語り合う場となっています。なお、例会では医師に直接質問することができるのです。また例会以外にも、医師を講師とした勉強会、この病気を経験し社会で活躍する障害当事者を囲む集まりなどが企画されています。

　この会は、専門職との関係が深くなっている反面、運営面では他の患者会（専門職や医療機関が支配的な病院内の患者会）とは一線を画し、医師とは対等な関係を維持しています。例えば、会が主催する医師による講演は、会員の要望に基づいてその内容が決められています。また会則で、役員のうちの１人はこの病気を体験した視覚障害者とすることで、本人の会として、その機能の維持を図っています。会の運営はそのすべてが寄付金でまかなわれていることで会の中立性、独立性が確保されています。

　子どもの難病に直面し、眼球を摘出しなければ助からないと告げられた親のこころの動揺は激しいものとなります。この病気を早期発見できなかったことや、遺伝要因から子の病気の原因が自分自身にあるのではないかと考え、自己を責める場合も多くあります。病気は進行が早く、親の決断を待っていてはくれません。親の動揺は子どものこころをも不安にさせ、病気と闘う力を弱めることにつながる場合があります。会が発行した書籍では、がん告知後の動揺を取り戻すため、周囲を気にしなくてすむところで自分の感情をはき出すことが大切だと述べられています[7]。岡知史のいう同じ体験をした者同士だからこそ話せる「わかちあい」の場としての機能[8]が会の書籍では強調されています。もちろん自分の力で解決できない場合は、心理専門職の助けを借りることについても紹介しています。

（3）あいらんど

　会は1996（平成8）年に結成され、調査時点で会員は110人を超えていました。生まれながらに眼の障害のある子を持つ親が、地方紙に投書したことが契機で会は成立しました。新聞の投書欄の回答として、障害の子どもを持つ看護師が親同士の交流を呼びかけたところ、東海地区を中心に各地から参加の申し出があり、48人で会の活動を開始しました。

　生まれながらに眼の病気のある子を持つ親を会員の対象としていますが、親自身が白内障[*9]などの視覚障害がある場合も少なくありません。当初は、白内障の子どもを持つ親が会の多数を占めていましたが、やがて眼の疾患（視覚障害）全般に拡大しています。また、会の活動が育児雑誌に取り上げられたことで、会は全国規模に拡大しました。会の中心は愛知県にありますが、それぞれの地区ごとに独自の集まりを持って活動しています。会の入会、脱会は会員の自由意思で行われており、他の親の会と兼ねている会員や新しい会[*10]を立ち上げた会員もいるようです。

　会の世話役（看護師、新聞での呼びかけ人）は、会を結成する前の心境を次のように語っています。

　　同じ病気（障害）の子を持つ親と話がしたかったのです。子どもの病気のことで常に不安を感じていました。自分の子どもと同じ病気の子どもはいるのだろうか。眼科の待合室で、同じ病気と思われる子どもを見かけても、子どもの親に声をかけられずにいました。次に、病気の治療と子どもの将来への不安です。医師との短い診察時間では症状に関すること以外は聞けませんでした。医師の説明によって治療の方向はみえても、子どもの生活や将来の方向はみえなかったのです。最大の不安は、病気（障害）のある子どもの成

[*9] 先天性白内障は常染色体優性遺伝が多い。かつては失明原因の上位を占めていたが、手術と眼内レンズの普及により、失明原因疾患から消えつつある。乳幼児で発見された場合は早期に手術し、適切な視覚補助具を活用する必要がある。

[*10] 「あいらんど」では、白内障を中心に障害の程度が比較的軽い子どもが多いこともあり、比較的障害の程度が重い「未熟児網膜症」の子を持つ親が独自の会を立ち上げている。

長の「見通し」についてでした。子どもが成長する過程で、親として何をしてやれるのかを知りたかったのです。

そして世話役は、会を結成したことで得られた体験について、次のように語っています。

1つ目は、子どもの将来への見通しについてです。私の子どもは3か月で手術しました。当時、手術後の見通しが持てなく不安でしたが、すでに手術を経験した同じ障害の子を持つ親から術後の経過や親として注意すべきことが体験談として聞けたことで、不安が解消されました。

2つ目は、様々な子どもたちとの出会いです。会に集まる子どもの障害は多様です。「障害を持っていてかわいそう」「重度のお子さんはかわいそう」という声も確かにあります。会の活動を通じて、子どもを障害の程度で比べるものではないことを理解することができました。様々な障害や病気のある子どもとその子育てに接することで、あらためて、わが子と正面から向き合うことができるようになりました。

3つ目は、障害のある子どもの受け容れの問題です。障害のある子を持つ親には、子どもの障害を否定する気持ちや認めたくない気持ちがあるものです。他の子どもからアイパッチ*11でからかわれることに過敏になったり、子どもの写真が新聞に載ることを恐れたり、会員の氏名などの個人情報が公開されることを心配する会員が多くいます。世話役自身も先天性白内障のある当事者ですが、世話役の親は障害のある自分を特別扱いしたり、他から障害を隠したりせずに育ててくれました。このことが今日、親として自分の子どもへの接し方につながっているものと感じています。

4つ目は、会での支え合いについてです。会に参加し、自分の経験を若い母親に伝えることで自分自身をより高めることにつながったように感じてい

---

*11 小児の弱視や斜視の治療法の一つとして用いられる眼帯。健康な方の目をアイパッチで遮蔽し、弱視の方の目を強制的に使用させることによって視力の発達を促す。

ます。自分たちがその当時、あれだけ大変だったからこそ、今まさに困っている誰かの力になってあげたいと考える人が会には多くいるのです。先輩の母親たちは若い母親を励ますことで自分自身を奮い立たせているのです。

4 親の会でみられた仲間としての支え合い

(1) 子どもをつくらないことは自分の生き様の否定（かるがもの会）

　Aさん夫婦はともに視覚障害者です。2人が結婚する際の約束は「子どもをつくらない」ことでした。当時のご主人の口癖は、「障害者を純粋培養してどうする」「生まれてくる子どもがかわいそうだ」というものでした。結婚して2年が経ち、もともと子どもがほしかった奥様はあることに気づき、ご主人に提案しました。それは、子どもをつくらないことは自分たち夫婦の生き様そのものを否定することになるのではないかという思いです。その後2人は時間をかけて話し合いをされたそうです。かるがもの会には同じような思いをしてきた人がたくさんいらっしゃいました。会の仲間の子育て体験に勇気づけられ、Aさん夫婦は出産を決意するに至ったのです。

　予想した通り、生まれてきた赤ちゃんは2人と同じ弱視児であることがわかりました。子どもが将来遭遇するであろう様々な困難は、2人が子どもの頃にすべて経験していることです。その意味では、見通しを持った子育てが可能となっています。Aさん夫婦は、会の中で「わが家は明るい弱視一家」と宣言しており、共感し合える会の仲間とともに、盲学校に通学する子どもの将来を見守り続けています。

(2) 私たちにしかできない子育て（かるがもの会）

　10歳代半ばで失明したBさんは、自分が惨めで何度も死を考えるほどだったそうです。受障後、歩行の補助具として重要な白杖を持つことに強い抵抗を感じていました。そのことが原因して、駅のプラットホームから転落する事故を起こしています。結婚後、子どもができたことはBさんにとって人生の転機になりました。当初「自分一人で育ててみせる」と頑張ってはみたものの、次

第に自分の子育てに自信が持てなくなっていったそうです。Bさんの困難は、子どもの様子が自分の目で確認できないことにありました。また、目の見えない母親とその子どもに向けられる周囲の厳しい視線を考えると、親として責任を果たせているのかという不安に襲われることになりました。そのような時、かるがもの会を紹介され、多くの仲間と出会うことになるのです。

　Bさんが会に入ることで得た第一の収穫は、自分の子育てが間違いではなかったと確認できたことです。また、同じ条件で子育てしている親同士だからこそわかり合える体験談が数多く聞けたことです。児童期の子育てを終えた先輩の親からは、子育ての体験的知識が伝えられました。Bさんは、「見えなくてよかったと思ったことは一度もない」としながらも「私たちにしかできない子育てがあることを誇りにしたい」と語っています。

（3）子育てが自己の障害観を変えた（かるがもの会）

　Cさんは中途視覚障害者で、子どもには学習障害があります。子どもが幼稚園時代にCさんは育児ノイローゼにかかってしまい、臨床心理士のカウンセリングを受けています。育児ノイローゼに悩んでいたCさんは、同じ年代の母親たちに相談を持ちかけましたが、自分が求めている答えを得ることはできなかったそうです。子どもが小学校に入学した頃、会の存在を知ることになります。当時のCさんは、同世代の子どもと自分の子の違いを直視するのが怖かったそうです。入会してからは、会の仲間の支えがあり、恐れていた子どもの学習障害に関する検査を受けることができました。その結果、子どもの現状を客観的に理解できるようになりました。

　Cさんは、障害のある子を抱えた自分自身を不幸の塊のように感じていたそうです。ところが、会の活動を通じて様々な障害を持つ親がいること、それに応じた多様な子育てがあることを知ることができ、Cさん自身の子どもとのかかわり方が大きく変化しました。会の仲間から子育ての経験的知識を得ることで、自らの障害を含め、障害のある子どもをありのままにみつめ直すことに結びついています。Cさん自身、障害の自己受容をうまく進めることができず、自信喪失を繰り返していました。このことが子どもの障害の受け容れをより困

難にしていたことに気づくことができたそうです。

（4）わが子の眼球摘出を迫られて（すくすく）

　Dさんは6か月になる子どもの目が透き通って見えることに驚きを感じたそうです。その時は赤ちゃんの目は「きれいだ」と思い、まさか目に異変が起きているとは考えもつかなかったそうです。2歳の時の写真には、目が光って写っているものが数枚あったのですが、これも目の異変だとは判断できなかったそうです。3歳の時の視力検査で、はじめて医師から網膜芽細胞種を宣告されました。そして、わが子の眼球を摘出するという決断を迫られることになったのです。Dさんは、自分がもっと早く異変に気づいていれば摘出せずにすんだのではないかと自分を責め、後悔する日々が続いたそうです。

　すくすくの会員の多くが、つらい選択を強いられてきた仲間たちで構成されています。Dさんは、眼球摘出が子どものために最善の選択だったと考えるように努力しました。最もつらい時期は、同じ思いを共有する会の仲間と語り合うことで乗り越えることができたそうです。手術後1年を経過した今、義眼の手入れも歯磨きのついでに一人でできるようになるまで子どもは成長しました。幼稚園の入園に際しては、目のことで仲間はずれにされないかとの不安がありましたが、会の先輩の「病気や障害も含め、本人がこれから乗り越えていくもの。前もって心配するのではなく、その時々で考え、支えていこう」というアドバイスがDさんに自信を与えてくれました。Dさんは「子どもの目は光を失いましたが、命があるからこそ悩みながら成長できることが喜びであるとし、子育てを仲間とともに楽しんでいきたい」と力強く語っています。

（5）仲間の死に直面して（あいらんど）

　Eさんは、障害のある子どもとともに、変わり果てた姿で発見されました。死の直前まで積極的に会で活動していたEさんの訃報は、会の仲間に大きなショックを与えました。

　会の仲間は、Eさんは「いつも笑みを絶やさず、まるでひまわりのように輝いていた」とし、子どもを連れての死など思いもよらないと語っています。E

さん家族への面会をすませた会の世話役は、Eさんのつらさは死を選ぶほどであったこと、会として何もできなかったと考えるほど問題は簡単ではなかったこと、Eさんの人としての弱さからでなく、こころが病的な状態にあったことの3つがこの事件を考える上で重要だと述べています。とくに、こころの状態については、生前、家族の方がEさんに専門的な治療を勧めていた事実（Eさんは治療拒否）が明らかになっています。

　家族の方は、事件後の会の取材に次のように答えています。「会の報告は成功例ばかり。本音や泥臭いこと、失敗例、閉じこもりなどが本当はあると思った。成功例はほんの一握りだと思う。こういう会も上っ面だけでなく本音で語れる環境をつくり、この事件を教訓にしてこれから先は（このような事件は）なくしてほしい」と語っています。生前のEさんについては、「情報を集めすぎた。それを全部受け入れてしまった。家と外でギャップがあった。（中略）家では塞ぎ込んでしゃべらなくなり、会話という会話ができなかった」とも語っています。

　会はこの事件の後、再発防止に向けていくつかの対策を活動内容に加えています。1つ目は、Eさんが患っていたとされるこころの病気について、専門家の援助を得ながら病識の理解を進めること。2つ目は、ストレスに対し自己コントロールする技術について会員の理解を深めること。3つ目は、本音で何でも話すことができる会の雰囲気づくりに努めることです。

5　親の心理的問題と会の役割

(1) 親の心理的問題

　中田洋二郎は、親の障害受容に関する研究を「段階説」と「慢性的悲哀」にまとめています[9]。段階説では、わが子の障害を知ったために生ずる混乱は時間の経過とともに回復するとし、終了が約束された正常な反応であると述べています。つまり、すべての親が子どもの障害を受容する段階に達することを前提とした考え方です。しかし実際には、こうした段階をうまく乗り越えることができない親が数多く存在するため、適切な支援を行う必要があるのです。

慢性的悲哀とは、子どもに疾患や障害がある場合、その親には悲嘆や悲哀が常に内在するものだという考え方です。外的要因、例えば、子どもの入学や卒業の時など、親は障害のない子とわが子を比較しがちです。このように、新たな出来事がストレスとなって再起するか、周期的に現れるという考え方です。前章で述べたように、悲嘆は本来、愛する対象を失った時の反応を意味しています。これを障害のある子どもを持つ親にあてはめることについては、様々な意見があります。

　中田は、これらを検討した上で、子どもの障害の発見や診断の経過は、障害の種類によって異なると述べています。さらに、障害の種類に応じた障害受容の過程を検討することが必要だと述べています。やはり、ここでも障害の受容は、親自身が克服すべき課題として扱われています。ですが、すでに述べたように多くの親は、親の会での支え合いを通じて元気を取り戻しています。つまり、前章でもふれたように、障害のある子を持つ親の心理的問題の緩和は社会（他者）との関連を抜きに語ることはできないのです。

（2）親の会の果たす役割

　遺伝性の原因疾患や障害のある親の場合、子どもの出産を決意するまでの苦しみは深刻です。障害のある人々が生活する上で困難が多い社会へ、親として子どもを送り出すことへの当然の不安です。このことは、親に生まれながらの障害がある場合より、中途障害の場合がより深刻だといわれます。それは自分自身が受障することによって経験してきたことからくる不安なのです。

　また、障害者の出産や子育てに対する周囲の無理解が、障害のある親を苦しめる場合があります。事例を振り返ってみると、Aさんは出産を決意した理由として、「子どもをつくらないことは自分たち夫婦の生き様そのものを否定することになるのではないか」と語っています。このことは、親が（障害児が生まれる可能性のある）出産を決意するにあたって、障害者としてのアイデンティティを問い直す契機となっているのです。

　Bさんは出産後、子どもの様子が自分の目で確認できないことに不安を感じていました。子育ての失敗を繰り返すたびに、親として責任を果たせていない

と自分を責め、子育てそのものに自信を失っていました。障害のない親にとっては、公園の遊び場でみられる他人の子育てが自然な形で子育てのモデルとなっています。視覚に障害のある親は、他人の子育てを直接見ることができないため、こうした不安に陥りやすいのです。Ｂさんは会に入り、自分の子育てが間違いではなかったと確認できたことで不安が消失したのです。

　Ｃさんは自分自身の障害に加え、子どもの障害と向き合うことを余儀なくされました。Ｃさんは、自らの障害が原因で子育てがうまくいっていないと他人から思われることを恐れていました。このことが子どもを客観的に「見る」努力を遅らせたのです。会に入り、子どもの実態をありのままに話せる仲間ができたことで、子育てに精神的なゆとりが生まれました。

　Ｄさんの場合は、子どもの病気を早く発見することができませんでした。親として子どもの目の変化を異変ととらえられなかったことに対し、自分自身を責め続けていました。また、遺伝によって子どもが苦しんでいるという意識も、Ｄさんを追いつめることにつながりました。眼球摘出法が唯一の治療法でなくなった現在、それ以前の話とはいえ、摘出を決断したＤさんにかかる精神的負担はより大きくなっています。手術後、外見上変化した子どもに向けられる社会の視線は、子どもを連れ歩く親への視線としても常に注がれ続けるのです。親として子どもの障害にどのように向き合うのかが問われています。

　Ｅさんの事例は、子どもが障害を持って生まれたことによる心的外傷が不幸な結果を招いたものと想像されます。Ｅさんの家族への面会をすませた会の世話役は、会の役割と限界を冷静に分析しています。この問題は、会の機能を超えたところで発生していました。この事件の教訓として、会員が相互に精神面の健康に気を配ることを目標に掲げましたが、個々の支援には限界があります。設立当初に比べ、会の子どもの障害は多様化が進み、重度の子どもが増えつつあります。会の相互支援が十分機能しにくくなっている現状があるのです。仲間の死に直面した経験は、会の課題を問い直す上で貴重な機会となりました。

　調査では３つの親の会を取り上げ、親が抱える心理的な問題と会の果たす役

割について検討しました。会はそれぞれ目的を異にしていますが、どの会も親同士が支え合う(ピア・サポート)機能を持っていました。子育ての経験的知識の共有、医療や障害者福祉、特別支援教育に関する専門知識や専門職による援助は、親の会ならではの機能です。現状では、早期医療や早期教育の必要な障害児が多いにもかかわらず、何もできず手をこまねいている親が数多く存在します。保健所の乳幼児健診や市町村の福祉の窓口がそうした家族に対し、(各障害に対応した)「親の会」に関する情報提供を適切に行うことが望まれます。さらには、そのための地域におけるネットワークづくりが急がれます。

第 2 節 軽度障害者の生きづらさ

1 軽度障害者が抱える問題

弱視者(ロービジョン者、軽度の視覚障害者)は、視覚に障害があるにもかかわらず、非障害者(健常者)でもなければ全盲者でもありません。弱視者のような、どちらからみても中間的な立場にある軽度障害者は、周辺人、またはマージナル・マンと呼ばれています。

佐藤泰正は、弱視者の心理特性として、健常者に劣等感を抱きつつも、いわゆる「盲人」(全盲の人)と同一視されないように「見える態度」を示し、健常者集団の仲間に入ろうとする特性があることを指摘しています[10]。このような特性をアーヴィング・ゴッフマン(Goffman, E.)は「パッシング(passing)」と呼び、全盲者より弱視者に顕著に示されると述べています[11]。

弱視者が抱える心理的問題に関する研究の多くは、見え方など視覚的認知を中心としたものとなっており、パッシングの実態やその背景を明らかにした研究は限られています[12]。倉本智明は、障害当事者の立場から、弱視者は「全盲者よりもしんどい立場にある」と述べています[13]。軽度の肢体障害のある田垣は、周辺人(軽度障害者)の抱くジレンマを紹介しています[14]。

他方、弱視者を対象とした視覚障害リハビリテーションに関する研究は数多

く存在します。文字の読み書き、歩行支援、視覚補助具やIT機器の開発などADL（日常生活動作）に関する研究は、弱視者が抱える困難の軽減に役立っています。

　筆者は特別支援教育に携わる中で、パッシングをはじめとし、様々な心理的問題を抱える軽度障害者に接してきました。本節での調査を中心に進めた共同研究者の長崎氏自身が弱視者で、リハビリテーションや教育支援場面において弱視者が抱える困難の背景や構造を分析する必要性を強く感じています。他者から理解されにくい弱視者の実態、さらには、その背景を明らかにすることは、弱視者へのより深い理解と支援につながるものと考えます。

　筆者は、パッシングを増減させる要因として弱視者の「視覚障害者」に対する集団同一性に着目しています。弱視者は全盲者と異なり、視覚障害者として自己の障害を他者に示そうとしない傾向、援助依頼の必要な場面でパッシングするという傾向があります。そこで本節では、「弱視者は所属集団である視覚障害者への帰属意識が大きい場合はパッシングを示さず、帰属意識が小さい場合はパッシングを示す」という仮説を立ててみました。

　ここでの帰属意識とは、「集団同一性」と呼ばれるもので、それが大きいほど所属する内集団及び内集団成員を過大評価（内集団ひいき）し、外集団及び外集団成員の評価を低くとらえる（外集団拒否）傾向が報告されています[15]。またその一方で、内集団への評価が低い場合は集団同一性も小さくなり、「内集団ひいき」を示さないという報告がなされています[16]。このようにパッシングを分析するためには、集団同一性との関連を検討する必要があるのです。

　本節では、他者との関係において弱視者が抱えるこころの「困難」「パッシング」「集団同一性」に着目し、弱視者が感じる周辺人としての「困難」について明らかにします。次に、弱視者における「パッシング」の実態とその背景を分析します。さらに、弱視者における「集団同一性」とパッシングの関連について分析を進めます。

2 軽度障害者に対する面接調査

(1) 面接対象者のプロフィール

　対象者は、200X年4月現在、A特別支援学校（盲学校）の職業課程に籍を置く弱視者20人（男性16人：平均年齢39.3歳、女性4人：平均年齢30.2歳）、同校を卒業した弱視者10人（男性8人：平均年齢40.4歳、女性2人：平均38.6歳）からなる21〜52歳の30人（男性24人：平均年齢39.3歳、女性6人：平均年齢32.3歳）としました。

(2) 調査方法

　対象者全員に、半構造化面接[*12]と心理尺度の測定による調査を実施しました。まず、半構造化面接では、弱視者の感じる周辺人としての「困難」についての聞き取り、パッシングに関する聞き取りを対象者1人につき約50分間実施しました。この面接記録の分析にあたっては、はじめに面接記録における対象者の回答を内容ごとに分断し、分断した文章に具体的な内容を示すラベル名をつけました。次に類似したラベル名を集めて上位概念となるカテゴリーを抽出します。この抽出したカテゴリーを用いて「弱視者の困難」と「パッシング」の関連を分析しました。なお、質問項目は表3-2の通りです。

　次に、心理尺度の測定では、弱視者の内集団（視覚障害者）への集団同一性を明らかにするため、心理尺度として唐沢穣の「集団同一視尺度」を用いました[17]。この尺度は、集団への帰属意識の度合いを測定する代表的な日本語版尺度で、青年から成人に至るまで広く適用可能な点に特徴があります[18]。この尺度は12の項目から構成され、7件法の質問紙調査[*13]となっています。集計は質

[*12] あらかじめ質問項目を決めておくものの、面接の流れに応じて質問内容の変更や追加を行い、自由な反応を引き出す方法。面接者は状況に応じた質問ができるため、様々な情報を得ることができる。

[*13] 調査対象者の意見・態度・価値・感情・性格など様々なことがらを質問文とその回答から測定する調査方法。質問項目には、自由回答法・多肢選択法・順位法（品等法）・評定法（段階評定法）がある。評定法は、程度や頻度などのいくつかの段階（5件法、6件法、7件法など）を設定し、その中から1つを選択してもらう方法で、項目ごとに詳細な情報が得られることが特徴である。

表3-2　半構造化面接（聞き取り調査）における質問項目

```
［弱視者が感じる周辺人としての困難に関する質問］
　①弱視者として日常感じる具体的な困難
　②最も自分が必要と感じていること
［弱視者におけるパッシングの実態及びその背景に関する質問］
　①基本属性：年齢、眼疾患、視機能、発症した時期
　②パッシングの度合い（レベル）とその理由
　　（パッシングレベルの4段階）
　　　レベル0：パッシングを全く行わない
　　　レベル1：パッシングをほとんど行わない
　　　レベル2：条件によってはパッシングを行う
　　　レベル3：あらゆる条件下で常にパッシングを行う
　③今後の自分のあり方、生き方
```

問に対する回答によって得点を加算する方法です。得点が高いほど、所属する内集団への帰属意識の度合いが大きいことになります。また、下位尺度として所属する内集団（視覚障害者）に加えて、内集団成員（視覚障害者の仲間たち）に対する共感的意識の度合いについても計測することが可能となっています。

これらの結果をもとに、面接結果と集団同一性の関連について分析しました。

3　軽度障害者の困難とパッシング

（1）弱視者が感じる周辺人としての「困難」

「弱視者として日常感じる具体的な困難について」の質問に対する回答から、「ADL」「他者からの理解不足」の2つの困難に関するカテゴリーが抽出されました（表3-3）。

次の「最も自分が必要と感じていることについて」の質問に対する回答から、6つのカテゴリーが抽出されました（図3-1）。

表3-3　弱視者が感じる困難（2つのカテゴリーとサブカテゴリー）

```
［ADLに関する困難］
　①使用文字が確立できない：普通文字も点字も扱えないという困難
　②歩行に際し危険を感じることが多い：とくに自転車との接触の恐れ
　③人物や掲示物等の識別：乗物の乗り間違えや注文時のトラブル
［他者からの理解不足に関する困難］
　①「見えているのに」と評価される：能力を過大評価される
　②補助具の使用を強要される：とくに白杖使用への抵抗感が強い
　③白杖使用者＝全盲と認識される：必要以上に援助を受けること
```

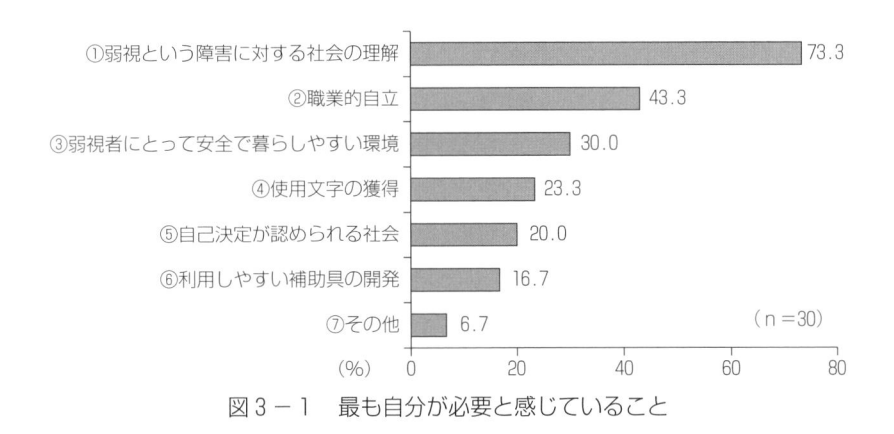

項目	%
①弱視という障害に対する社会の理解	73.3
②職業的自立	43.3
③弱視者にとって安全で暮らしやすい環境	30.0
④使用文字の獲得	23.3
⑤自己決定が認められる社会	20.0
⑥利用しやすい補助具の開発	16.7
⑦その他	6.7

（n＝30）

図3-1　最も自分が必要と感じていること

（2）弱視者における「パッシング」の実態とその背景

　基本属性（年齢、眼疾患、視機能、発症した時期）とパッシングとの関連を調査しました。なお、パッシングの評価については、表3-2の4段階のレベルを使用しました。

①年齢とパッシングとの相関

　$r=-0.63$（$p≦0.05$）を示し、負の相関が有意にみられました。つまり、年齢が高いほどパッシングのレベルが低くなる傾向が示されました。

②眼疾患とパッシングの相関

　網膜色素変性症の対象者にあっては、暗所以外での白杖使用への抵抗感（30.0％）、緑内障・白内障の対象者にあっては、特殊な眼鏡や弱視レンズの使用への抵抗感（16.7％）が示されました。

③視機能（0.01～1.0：平均0.11）とパッシングの関連

　視力の高い者（0.08以上：10人）にパッシングのレベルがやや高まる傾向が示されました（平均レベル1.6）。視力の低い者（0.04以下：10人）にパッシングのレベルが低くなる傾向が示されました（平均レベル0.25）。統計学的に視力とパッシングの間に有意な関連はみられませんでした。

④発症時期（先天性：16人、中途障害：14人）とパッシングの関連

　先天性の障害群、中途障害群の両者にパッシング経験があることが明らかとなったのですが、両者に有意な差はみられませんでした。中途障害群の「視力が著しく低い者」にパッシングしない傾向が示されました。

　調査の結果、年齢が高く視力が比較的低い弱視者において、他者に自己の障害を示すとともに援助を求める傾向がみられました。その反面、年齢が低く視力が比較的高い弱視者においては援助依頼を求めず、パッシングする傾向がみられました。このパッシング、年齢、視機能の関連を図3－2に示しました。

　「パッシングの度合い（レベル）とその理由」に関する回答を4段階のレベルごとにまとめました（表3－4）。

　「今後の自分のあり方、生き方について」の質問に対する回答から、弱視者としての生き方に関する6つのカテゴリーが示されました（図3－3）。

	年齢高い（～52歳）	
視力低い（0.02～）	レベル0　パッシングを全く行わない 他者に自己の障害を早期に積極的に説明して援助を求める	レベル1　パッシングをほとんど行わない 他者に自己の障害を認知されることへの抵抗感は少ない
	レベル2　条件によってはパッシングを行う できることなら他者に障害を認知されたくないが、自分が困る	レベル3　あらゆる条件下で常にパッシングを行う 他者に自己の障害を認知されることに強い抵抗感を示す	視力高い（～0.1）
	年齢低い（21歳～）	

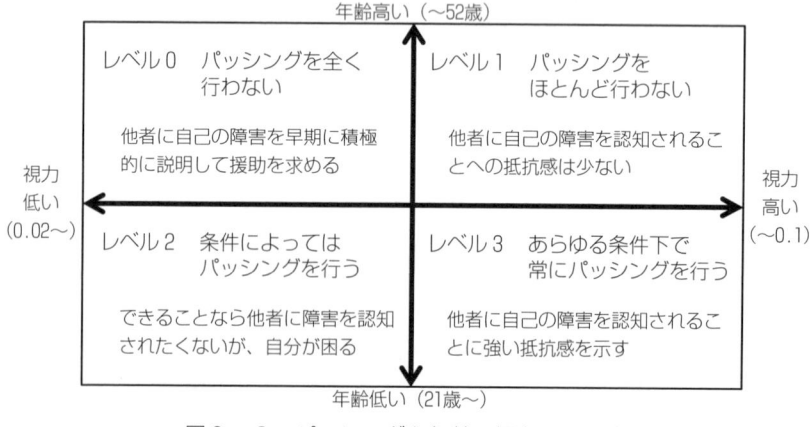

図3－2　パッシングと年齢・視力との関連

表3－4　パッシングの度合い（レベル）とその理由

[レベル0＝パッシングを全く行わない場合（40.0%）]
　　理由：障害を隠すことは自分にとって不利：他者からの援助が必要
[レベル1＝パッシングをほとんど行わない場合（10.0%）]
　　理由：パッシングは行わないが、他者へ障害を知らせる必要はない場合や説明するのが煩わしい場合にはパッシングを行う
[レベル2＝条件によってはパッシングを行う場合（43.3%）]
　　理由：自己の障害を理解してもらえないと感じる他者に対して行う
　　　　　理解されている他者（弱視者、親族、盲学校教師、親しい友人）には行わない
[レベル3＝あらゆる条件下で常にパッシングを行う場合（6.7%）]
　　理由：いかなる場合でも視覚障害者であることを知られたくない

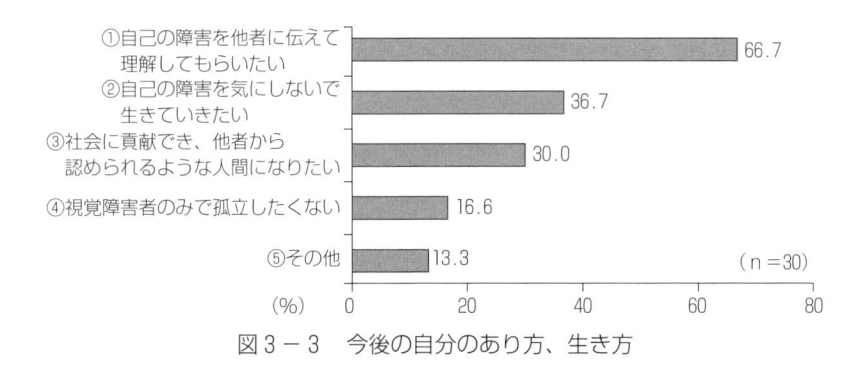

① 自己の障害を他者に伝えて理解してもらいたい　66.7
② 自己の障害を気にしないで生きていきたい　36.7
③ 社会に貢献でき、他者から認められるような人間になりたい　30.0
④ 視覚障害者のみで孤立したくない　16.6
⑤ その他　13.3
（n＝30）

図3－3　今後の自分のあり方、生き方

（3）弱視者における「集団同一性」と「年齢」「パッシングレベル」との関連

　視覚障害者への同一視の平均は、79.2%（最低7.1%、最高96.4%）と全体的に高い値が示されました。内集団成員（視覚障害者の仲間）への同一視においても平均71.9%（最低42.9%、最高92.6%）と同じく高い値を示しています。
　「集団同一視尺度」と弱視者の属性などとの相関を調査した結果、「集団同一視尺度」と有意な相関を示したのは、「年齢」と「パッシングレベル」でした。「年齢」と「集団同一視尺度」との間には、r＝0.76（p≦0.05）と正の相関が有意に示されました。このことは年齢が高い弱視者において、視覚障害者に対する「集団同一視尺度」の度合いが高くなることを示しています。
　次に、「パッシングレベル」と「集団同一視尺度」の間には、r＝－0.71（p

≦0.05）と負の相関が有意に示されました。このことは「パッシングレベル」が低い弱視者ほど「集団同一視尺度」の度合いが高いという傾向を示しています。

次に「年齢」「パッシングレベル」が「集団同一視尺度」に与える影響を検証するため重回帰分析を行いました。独立変数を「年齢」「パッシングレベル」とし、従属変数を「集団同一視尺度」として分析した結果、重回帰式の妥当性を示す重決定係数（寄与率）は0.66（p≦0.05）を示しており、「年齢」「パッシングレベル」が「集団同一視尺度」に与える影響がある程度説明づけられる

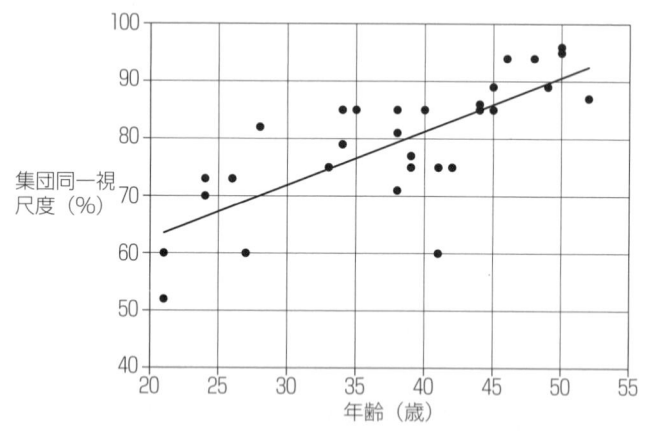

図3－4　集団同一視尺度と年齢との関連

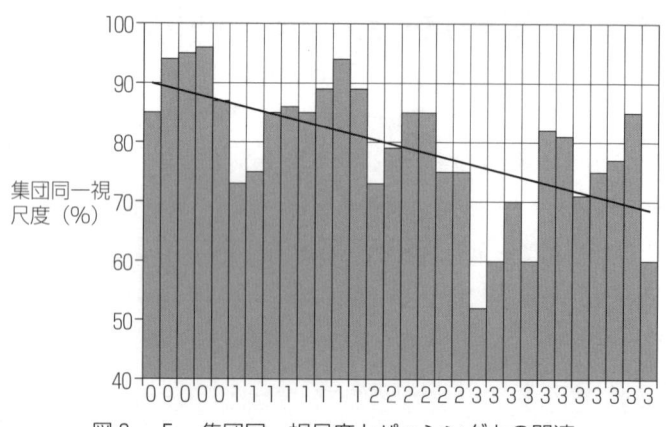

図3－5　集団同一視尺度とパッシングとの関連

結果を示しました。

図3-4に「集団同一視尺度」と「年齢」との関連、図3-5に「同尺度」と「パッシングレベル」との関連をそれぞれ示します。なお、その他の属性（視力、発症時期）と「集団同一視尺度」には、有意な相関はみられませんでした。

（4）調査結果のまとめ

弱視者が感じる周辺人としての「困難」を調査した結果、①その障害からくるADLに関する困難、②他者から弱視という障害がうまく理解されていないことからくる困難がありました。

「パッシング」の実態とその背景について調査した結果、①「自分にとって不利となる行為」の場合、パッシングが減少する傾向が示されました。②「自分の障害を理解していない」と思う他者の前ではパッシングを行い、③「自分の障害を理解している」と思う他者の前ではパッシングを行わない傾向が示されました。④他者に自己の障害を伝える必要がない場合や説明するのが煩わしい場合は、パッシングを行う傾向が示されました。また弱視者は、⑤自己の障害を他者に理解してもらいたいと感じていることが明らかになりました。

最後に「集団同一性」とパッシングの関連を調査した結果、①年齢が高い対象者に集団同一視が高く、パッシングを行わない傾向が示されました。②年齢が低い対象者は集団同一視が低くパッシングする傾向が示されました。

4　軽度障害者が抱える問題とその背景

（1）軽度障害者の抱える困難について

本節での調査の結果、軽度障害のある人が抱える困難は主に2つに分かれました。

1つは、"ADLに関する困難"です。これは軽度障害のある人が生活する上で障壁となる街づくり、居住環境、公共交通機関が原因となる困難です。

2つ目は、"他者の理解不足からくる困難"です。これは社会（他者）が軽度障害について理解していないため、障害のある本人のこころを傷つけてしま

うことが原因となる困難です。

　"ADLに関する困難"に対応するためには、機能障害を改善するための補助具が不可欠です。これまでの研究の成果として補助具や機器等の高性能化が実現し、弱視者のADLは大きく改善しています[19]。その一方でユーザーのニーズを十分配慮した研究でなければ実用にはおよばないという指摘もなされています[20]。

　また弱視者は、全盲者に比べてその認知度が低く、社会一般から正確に理解されていないという指摘がなされてきました。徳田克己は、非障害者（健常者）と弱視者がかかわり合う機会をより多くすることによって、非障害者の認識に良好な変化が生じるという知見を得ています[21)22)]。山本登志子は、教育機関において弱視者が在籍するかしないか、障害理解教育を実践しているかいないかが、弱視者への理解に影響を与えていると述べています[23]。

　これらの研究にあるように、弱視者が社会（他者）から理解されにくいのは、弱視者の実態を理解する機会がない、または限られていることがその背景にあると考えられます。また、佐藤の研究にあるように、弱視者自身が見える態度をとってしまうことで、他者に障害による困難さを伝えにくくしていることが原因の一つと考えられます。本節の調査においても、弱視者は社会からの理解の必要性を感じているという結果が得られていますが、同時にパッシングを行う実態が明らかになっています。このように弱視者が抱える問題の解決は、弱視者が抱える心理的ジレンマと、他者からの理解不足の両面から検討すべきなのです。

（2）弱視者のパッシングとその背景

　調査の結果、弱視者すべてがパッシングを行うわけではないことが示されました。とりわけ「年齢が高く、視力障害の程度が重い」弱視者はパッシングをしていないという実態が明らかになりました。その理由は、パッシングをすることが自分にとって不利な行為だと認識していることにありました。現時点でこの結果を支持する他の研究はありませんが、経験的に判断すれば「年齢が高く、視力障害の程度が重い」弱視者を、パッシングする余裕のない援助を要す

る弱視者として理解すれば、妥当性が得られるものと考えられます。

　他方、弱視者のパッシングは2つのケースの存在が明らかになりました。

　1つ目は、「積極的なパッシング」です。他者が自分の障害を理解しているかどうかで、パッシングを行うかどうかを判断するケースです。弱視者が「理解されている」と認識した他者とは、同じ弱視者、親族、特別支援学校（盲学校）の教師、親しい友人を指しています。ゴッフマンは、このような立場にある者、すなわち同じ障害のある者を「同類」、同類以外で自己の障害を知っている他者を「事情通」と呼んでいます。同類や事情通とは、パッシングをしなくてもよい対象であると同時に、当事者が抱える障害の実態を代弁する役割を果たす者と位置づけています[24]。

　2つ目は、「消極的なパッシング」です。これはその場の雰囲気や状況によって自己の障害をあえて他者に伝える必要がないケースです。言い換えれば、自己の障害をあえて他者に説明するのが煩わしいケースで、同類や事情通でない人とかかわる場面ではパッシングを行うというものです。ただし、これは弱視者に限らず非障害者においても日常的にみられるものです。

　パッシングについてゴッフマンは、障害者に限らずマイノリティと呼ばれる人々が、周囲（マジョリティを占める他者）との差異を解消するために示す、他者に対する印象操作だと述べています[25]。そのように解釈すれば、「消極的なパッシング」は弱視者の特性としてのパッシングではなく、誰もが行う可能性のある印象操作として理解することができるのです。

　「今後の自分のあり方生き方」に対する回答で弱視者は、（パッシングを行う一方）自己の障害を他者に伝えるとともに自己の障害を適切に理解してもらいたいと感じていることが明らかになりました。このことはパッシングとは対極に位置する弱視者の切実な思いであり、軽度障害特有の周辺人が抱える困難としてとらえていくことが重要です。

（3）弱視者の「集団同一性」とパッシングの関連

　「集団同一性」と相関関係を示したのは、「年齢」と「パッシングレベル」でした。援助を必要とする弱視者については、視覚障害者集団に帰属することに

共感的であることが示されました。さらにパッシングを行わない傾向が示されています。その反対に援助をそれほど必要としない弱視者については、視覚障害者集団に帰属することに否定的であることが示されました。さらにパッシングを積極的に行う傾向が示されています。これらの結果から、弱視者における「集団同一性」とパッシングの関連が明らかになりました。

5 本節のまとめ

　本節は、弱視者が抱える「どっちつかずの生きづらさ」（心理的な困難）について、他者との関係を中心に分析しました。弱視者は、物理的、心理的バリア、社会（他者）からの理解不足を感じています。弱視者はパッシングを行いながらも、社会（他者）から理解を求めようとするアンビバレンツな心理状況にあります。本節では、このような実態を集団同一性という切り口で分析しました。

　弱視者が行うパッシングの背景には、弱視という障害を理解していない社会（他者）を避けようとする姿勢、同時に社会（他者）から理解を求めようとする心理的ジレンマが示されました。弱視者を支援する上でこうした実態を把握しておくことは、意義あるものと考えます。一方、弱視者が社会（他者）から理解を得るためには、援助依頼など弱視者自らがなすべき努力が当然必要と思われますが、「同類」と呼ばれる同じ障害のある仲間（peer）や「事情通」と呼ばれる人々など「理解ある他者」からの援護的な啓発が今後期待されるところです。

　障害のある人を支援する専門家には、本節で挙げた弱視者のような周辺人として自らの障害を本人が隠すのではなく、できれば社会（他者）に理解されたいと願う思いにも着目して、支援する必要があると筆者は感じています。そこでは軽度障害者が置かれた状況を社会に理解してもらうための努力を進めるとともに、軽度障害者が生きていく上での困難、その原因となっている物理的、心理的バリアを減らすための努力が望まれます。

第 3 節 ピア・サポートによる心理的支援

❶ 障害者地域生活支援センターでのピア・サポート

　心理的支援は大きく2つに分けることができます。それは個別支援と集団支援です。個別支援は、個人（家族を含む）が抱えるニーズを把握（アセスメント）し、多くは専門家による直接支援や関連する社会資源を活用して本人の機能改善を図る方法です。集団支援は、集団が持つ特性（相互作用、グループダイナミックス）を利用して問題を解決していく方法です。集団支援はさらに専門家主導で行われる場合と非専門家によって行われる場合に分けることができます。後者の中でもセルフヘルプ・グループで行われる援助（仲間同士の助け合いという意味でピア・サポートと呼ばれる）が近年注目されています。

　医療や福祉の臨床現場では、中途障害者が仲間グループに加わることで、その表情に明るさを取り戻し、就労へ向けた意欲が強まるように感じられることをしばしば経験します。そこで築かれた人（仲間）と人（仲間）のネットワークは、自立へ向けた足がかりとして機能している場合が多くあります。筆者は、障害のある人が抱えるこころの苦しみはこうした仲間同士の支え合いによって緩和されるものと考えています。

　そこで本節では、名古屋市内の障害者地域生活支援センター（以下、支援センターとする）を取り上げます。支援センターでの人間関係の再建に向けた実践を取り上げ、障害のある仲間による支え合い（ピア・サポート）が中途視覚障害者の心理面の機能改善に果たす役割を検討します。

　なお、支援センターの概要については、第4章で詳しく述べます。

（1）支援事例の検討

　支援センターにおけるピア・サポートによって心理面の回復が進んだ事例を取り上げ検討します。なお、個人情報保護のため、データに一定の加工を施してあります。

表3－3　事例の基本属性とピア・サポートの概要

事例	A	B	C
年齢、性別	50歳代、女性	60歳代、女性	40歳代、男性
疾患名 受障後経過年	白内障 3年	網膜色素変性症 8年	網膜色素変性症 1年
家族の状況	本人、息子	本人、夫	本人、妻
主訴	生きがいがない、孤独、息子との齟齬	趣味の書道ができない、家事ができない	疾患の進行や失職への不安、妻の無理解
ピア・サポートの内容	支援センター主催の中途失明者向け点字講習会（週1回、2時間）に参加し、仲間と活動。会の終了後は仲間と会食。	日本網膜色素変性症協会の活動（月1回、半日から1泊2日）に参加し仲間と交流、支援センター主催の視覚障害者向け料理教室（月1回、3時間）に参加し、仲間と活動。	日本網膜色素変性症協会の活動（月1回、半日から1泊2日）に参加し、仲間と交流。支援センター主催の視覚障害者向けパソコン講習会（週1回、2時間）に参加し、仲間を支援。
現状	仲間ができる、生きがいを取り戻す、孤立感が緩和される、息子との関係が良好になる。	将来への不安が軽減、定期的な外出や仲間との交流によって書道ができないという不満が軽減、家事ができないという不安が軽減される。	復職の実現、同一疾患の仲間との交流によって疾患の進行への不安が軽減、妻の障害理解が進むことによって夫婦関係が良好になる。

　Aさんは50歳代の女性で白内障を発症し、わずかな視力と視野を残しほぼ全盲に近い状態にあります。受障後に離婚し、現在は息子と二人暮らしです。息子が仕事に出ている昼間は話し相手がなく孤独を感じています。単独での買い物が困難でインスタント食品に頼っています。Aさんは社会的に孤立した状態にあったため、失明者向け点字講習会で仲間との交流を深めてもらうことにしました。Aさんは会に参加することで仲間ができ、孤立した状況が改善され、精神面で落ち着きを取り戻しました。また、息子を思いやる発言がみられるようになったそうです。現在、支援センター主催の講習会に仲間とともに定期的に参加し、講習会後は仲間と食事をするなどしています。

　Bさんは60歳代の女性で網膜色素変性症を発症し、拡大読書器（文字等を拡大する弱視用モニター）を使用することで何とか文字が読み取れる程度の視力です。書道の師範をしていたのですが、疾患の進行によってできなくなったことを悔しく感じています。夫と二人暮らしですが、将来家事ができなくなると

いう不安があります。また、外出時に失敗することが多いため、引きこもりがちになっています。Ｂさんには視覚障害者向けの料理教室での仲間との交流や、日本網膜色素変性症協会で仲間との交流を深めてもらうことにしました。Ｂさんは２つの会での活動を通して将来に見通しが持てるようになり、不安は軽減されたそうです。

　Ｃさんは40歳代の男性で網膜色素変性症を発症し、受障直後に視野の５割を失ってしまいました。現在も急激な疾患の進行に不安を感じています。Ｃさんは視機能低下のため車の運転が困難となり、会社を休職することになりました。Ｃさんは会社を退職しなければならないのではないかという不安を強く感じています。当初、奥さんはＣさんの辛さを理解していませんでしたが、相談員に促されＣさんの見え方をシミュレーションレンズで体験し、その辛さを理解することができるようになったそうです。休職中は支援センターでボランティア活動（パソコン講師）をすることで、仲間とのネットワークが形成されていきました。さらに日本網膜色素変性症協会での仲間との活動を通して復職への意欲が高まったそうです。

（２）仲間の絆と心理的問題の緩和

　取り上げた事例に共通するのは、受障後の不安、疾患の進行への不安、家族関係の離齬、社会的な孤立です。支援センターでは、利用者の仲間づくりを積極的に進めています。支援センターが主催する各種講習会は、本来社会適応訓練の一環として実施されているのですが、実際には孤立した状態にある受障者を結びつける役割を担っています。点字講習、料理教室、パソコン教室でのグループワークが仲間づくりの拠点となっているのです。また、そこでの活動は、仲間同士にしかわかり合うことのできない質の高い支援となっています。このような活動を通して仲間とのネットワークが構築され、その結果として受障後の心理的問題の緩和に結びついているのです。

　障害者に対する従来の援助は、専門家による個別支援が中心でした。専門家は受障者の機能改善を目的に直接的な援助を行ってきました。これに対しピア・サポートは、孤立した状況にある受障者同士の仲間づくりからその援助が

はじまります。専門家が関与しない状況で深められていく"仲間の絆"が、受障者の心理的問題の緩和に結びついているのです。

❷ ピア・サポートの効果の要因分析

本項の目的は、仲間との人間関係の深まりが、ピア・サポートがもたらす効果の要因であるという仮説を設け、検証することです。そのため、ピア・サポートを受けている受障者と受けていない受障者を対象に、標準的な評価尺度（スケール）を用いて対象者のメンタルヘルスと健康関連 QOL を測定し、ピア・サポートの効果との関連を分析します。

（1）ピア・サポートとメンタルヘルスの関連

調査対象者は200X年にA県内で職業リハビリテーションを受ける人々です。仲間づくりが進んでいる中途視覚障害者と仲間づくりが進んでいない中途視覚障害者の中から、調査目的を説明した上で同意を得た39人としました。性別は男性が53.8％、女性が46.2％です。平均年齢は41.5歳で、障害のレベルは身体障害者手帳1級が43.6％、同2～5級が56.4％です。受障後の経過年数は3年未満が33.3％、3年以上経過した者が66.7％となっています。

評価スケールは、①情緒的支援ネットワーク[26]、② SDS (Self-rating Depression Scale：抑うつ尺度)[27]、③ MQS (Mental Health-related Quality of Life Scale：健康関連 QOL)[28]を使用しました。

①は、身近な親しい人の支援の度合いを測定するもので、得点分布は0～10点となっています。得点が6点を超えるとサポートが強いとされるものです。本調査では同一の障害（疾患）のある「仲間」による支援の強さを測定しました。②は、うつの重症度を測定するもので、得点分布は20～80点となっています。得点が高くなるほどうつの重症度が高く、メンタルヘルスは低いとされるものです。③は恐怖・不安・うつなど「健康でない」心理状態を測る17のネガ項目と、自己評価、対人関係、能力、幸福感など「健康な」心理状態を測る21のポジ項目で構成され、得点分布はネガスコアが－51～0点、ポジスコアが

0〜63点となっています。いずれも得点が低く（マイナスに）なると、健康関連 QOL が低いとされるものです。

調査対象者39人の情緒的支援ネットワーク（仲間から受けるサポート）の強さを測定し、①サポートが強いとされる得点6以上の群（ピア・サポート群）の20名、②サポートが弱いとされる得点5以下の群（非ピア・サポート群）の19名に分けました。さらにそれぞれの群の SDS（うつの重症度）と MQS を測定し、仲間から受けるサポートが強い群のメンタルヘルスと仲間から受けるサポートが弱い群のメンタルヘルスを比較しました。なお、データの分析は、t テスト（両側分布、非等分散）を用い、有意水準はすべて $p<0.05$ としました。

（2）ピア・サポートの効果の要因

図3-6にあるように、ピア・サポート群と非ピア・サポート群のメンタルヘルスの関連を分析した結果、①非ピア・サポート群の健康関連 QOL のネガスコアが有意に低く、② SDS のスコアが示すうつの重症度が有意に高い結果となりました。なお、MQS のポジスコアに有意な差はみられませんでした。

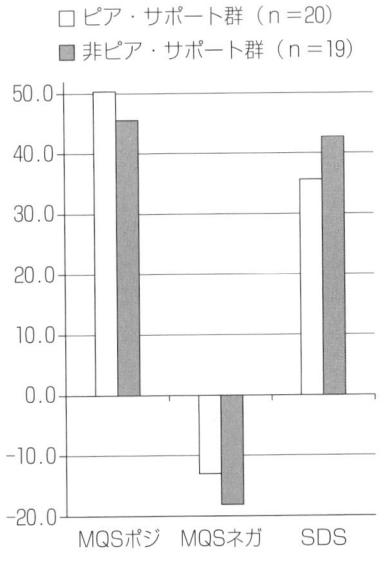

図3-6　ピア・サポートとメンタルヘルスの関連

その他の関連要因として、性別、年齢、障害のレベル、受障後の経過年数を取り上げ、両群との関連を分析した結果、受障後の経過年数においてピア・サポート群が有意に高かったもののその他の要因との関連はみられませんでした。以上の結果から、仲間との人間関係の深まりが、ピア・サポートの効果の因子の一つであることが示唆されました。

　失明した受障者(家族を含む)は孤立した状況に置かれる場合が多いのです。近年、原因疾患の多くを占める糖尿病においても、失明に至るケース（糖尿病性網膜症）は限られており、病棟などで同一疾患の仲間と出会う機会はきわめて稀です。ところが、視力障害センターや盲学校の職業リハビリテーション課程にはこうした仲間が複数在籍します。受障者は入学後急速に仲間グループを形成するとともに、その絆は深められていきます。今回の調査結果から、ピア・サポートを得ることで受障後の心理的問題の緩和に効果をもたらすことが示されました。

3　本節のまとめ

　支援センターにおけるピア・サポートを通した支援事例を分析した結果、同一の障害のある仲間による支援が中途視覚障害者の心理的問題の緩和に与える影響が明らかになりました。次にピア・サポートの効果の要因を検討するため、ピア・サポートを受けている中途視覚障害者群のメンタルヘルスと受けていない群のメンタルヘルスの関連を分析した結果、仲間との人間関係の深まりが、ピア・サポートの効果の因子の一つであることが明らかになりました。

【引用文献・参考文献】
1）柏倉秀克「中途失明者の自立を考える―当事者4人の語りから」『視覚障害』第182号　障害者団体定期刊行物協会　2002年　pp.30-39
2）南雲直二『社会受容』荘道社　2002年
3）久保紘章・石川到覚『セルフヘルプ・グループの理論と展開―わが国の実践をふまえて』中央法規出版　1998年　pp.26-27

4）柏倉秀克「視覚障害児を持つ親の障害受容に関する調査─親の会への参与観察から」『金城学院大学論集社会科学編』第45号　2002年　pp. 173-189
5）江村佳巳編『目の見えない私たちがつくった子育ての本』私家版　1998年
6）すくすく編『すくすく育て　子どもたち』私家版　1997年
7）前掲書6
8）岡知史『セルフヘルプ・グループ─わかちあい・ひとりだち・ときはなち』星和書店　1999年
9）中田洋二郎『子育てと健康シリーズ　17　子どもの障害をどう受容するか─家族支援と援助者の役割』大月書店　2002年
10）佐藤泰正編『視覚障害心理学』学芸図書　1996年
11）アーヴィング・ゴッフマン著、石黒毅訳『スティグマの社会学─烙印を押されたアイデンティティ』せりか書房　1984年
12）視覚障害関係文献目録『VIRN 視覚障害リソースネットワーク』
　　http://www.twcu.ac.jp/~k-oda/VIRN/
13）倉本智明「弱視は全盲よりしんどい？」『点字毎日』1997．12．28、1998．1．4 合併号　毎日新聞社　1998年　pp. 25-26（原文点字）
14）田垣正晋編著『障害・病いと「ふつう」のはざまで─軽度障害者　どっちつかずのジレンマを語る』明石書店　2006年　田垣正晋
15）Tajifel, H., Bullig, M. G., Bundy, R. P., *Social categorization and intergroup behavior*, European Journal of Social Psychology 1（2），1971, pp. 149-178.
16）Karasawa, M., *Toward an assessment of social identify : the structure of group identification and its effects on in-group evaluations*, British Journal of Social Psychology 30, 1991, pp. 293-307.
17）堀洋道監修、山本眞理子編『心理測定尺度集Ⅰ─人間の内面を探る〈自己・個人内過程〉』サイエンス社　2001年　pp. 221-225
18）堀洋道監修、吉田富二雄編『心理測定尺度集Ⅱ─人間と社会のつながりをとらえる〈対人関係・価値観〉』サイエンス社　2001年　p. 221
19）柿澤敏文「全国盲学校児童生徒の視覚障害の程度と使用文字との関係」『全国盲学校及び小・中学校弱視学級児童生徒の視覚障害原因等に関する調査研究─2005年度調査』筑波大学心身障害学系　2005年　p. 30
20）杉野昭博『障害学─理論形成と射程』東京大学出版会　2007年　p. 34
21）德田克己「こんなに知られていない弱視という障害（2）─世間の人々の認識と啓蒙活動の実践」『弱視教育』29巻3号　日本弱視教育研究会　1991年　pp. 16-24
22）德田克己「弱視児・者に対するイメージの変容に関する研究（1）-（7）」『弱視教育』26巻2号-30巻1号　1988-1992年
23）山本登志子「視覚障害理解教育の取り組み」『弱視教育』32巻1号　1994年　pp. 16-22
24）前掲書11　pp. 38-59
25）前掲書11　pp. 38-59
26）宗像恒次『最新　行動科学からみた健康と病気』メヂカルフレンド社　1996年　pp. 4-16

27) Zung, W.W.K., *A Self-Rating Depression Scale*, NC : Duke University Medical Center, Arch of General Psychiatry 12, 1965, pp. 63-70.
28) 南雲直二・新井龍子・野田みゆき・宮坂良子「外傷性脊髄損傷患者の健康関連QOL の測定とその関連要因の検討」『総合リハビリテーション』31巻4号　医学書院　2003年　pp. 367-373

Column 3 "障害者の自立 支援いかに"

「本人責任」で解決できぬ　　　　　　　　　　　　東京大学　福島智

（前文略）国内の障害者は推定724万人で、ざっと20人に1人。3年たった支援法で自立が進んだとは実感できない。自立とは、自分の財布と相談して今日の晩ご飯を何にするか自分で決め、恋ができること。つまり、人の手助けを得ながら自分の生活を自分で決めること、恋が実るかどうかは別としていろんな人と自由に出会える環境にいることだ。施設よりも、やはり地域で暮らすことで可能性は広がる。（中略）

最大の問題はそれまで所得に応じて利用料を払う「応能負担」だったのが、サービス料の原則1割を支払う「応益負担」になったことだ。負担することで消費者の権利が守られるという主張はナンセンスだ。お金を出せない人は何も言えないのだろうか。

本来、自立とはひとりの人間としての生存そのものだ。憲法25条の「健康で文化的な最低限度の生活」は、国民として無条件に最低限の生存が保障されるということだ。例えば、食事やトイレ、入浴の介助、呼吸器のケアなど命に直結する支援は、障害者から利用料を取るべきではない。

他者とのコミュニケーションや移動の自由、情報へのアクセスといった文化的な生活を送るためのニーズも、ある程度までは無料にすべきだ。

私は3歳で右目、9歳で左目が見えなくなり、14歳で右耳、18歳で左耳が聞こえなくなり、盲ろう者となった。他者とのコミュニケーションが断絶された時、私の存在は消えた。孤独という言葉では表現できない、絶対的孤立だった。母が考えた指点字による通訳が始まってようやく生きていると思えた。

人はコミュニケーションができないと死ぬ。生存にかかわる支援を否定されることが死刑執行とすれば、こちらは終身禁固刑のようなものだ。

障害者は、行動とコミュニケーションが制限されているという意味で、いわば「目に見えない透明な壁の刑務所」に収監されている存在だ。それは生まれながらの運命だったり、不慮の事故だったり、個人の責任を超えた事情によるところが大きい。たとえ1割でも本人に利用料を求めるのは、無実の罪で閉じこめられた刑務所から出るために保釈金を払えということだ。

生きるために不可欠な支援を「個人の利益」とする「応益負担」は、障害を本人の責任とする考え方に結びつく。

出典：2008年12月21日付け朝日新聞「耕論」から抜粋

第4章

障害のある人々を支える

　本章では、障害のある人のこころの回復を支えるための支援について取り上げます。

　第1節は、障害者地域生活支援センターで相談支援にあたっているピア相談員の実践報告です。この相談員は自らが障害を経験していることから、心理的に困難を抱える中途障害者に質の高い支援を実践しています。

　第2節では、障害のある大学生に対する支援を取り上げます。障害のある子どもたちの多くは、特別支援学校や特別支援学級で手厚い支援を受けながら学齢期を過ごします。ところが、大学や短大へ進学すると、一部を除き、障害学生は健常者と呼ばれる人々とともに学生生活を送ることになります。その中での困難と支援の実際について取り上げます。

　第3節では、障害のある人の自立に向けた支援を取り上げます。障害者の就労に向けた環境は整備されつつあるものの、障害のある人が安定した就労を実現する上での課題は少なくありません。そこで、本節では特別支援学校の教員がコーディネーターとなり、各分野の専門職が連携して就労を実現したケースを考察します。

第 1 節 障害者地域生活支援センターにおける相談

1 ピア・サポートによる相談支援事業

(1) ピア・サポートによる相談支援のはじまり

　名古屋市は、2002（平成14）年度から障害児者地域療育等支援事業及び市町村障害者生活支援事業の一環として主として身体・知的障害者を対象とする障害者地域生活支援センター(以下、支援センターとする)を発足させています。その後、一般財源化されましたが、身体障害と知的障害の援護施設等が市の委託を受け、市内16区すべてに１か所ずつ（２つの区のみ２か所)、合計18か所の支援センターが設置されています。なお、精神障害者を対象とする支援センターは、市内２つの区に１か所ずつの合計８か所が設置されています。

　本節で取り上げる支援センターは、主として視覚障害者を対象とする作業所、授産所、更生施設等が母体となり支援事業を開始しました。事業内容は、在宅福祉サービスの利用援助、社会資源を活用するための援助、社会生活力を高めるための援助、ピア・カウンセリング事業、専門機関の紹介、その他の生活支援となっています。視覚障害者である相談員（以下、ピア相談員とする）によるピア・カウンセリングが開始され８年目を迎える頃には、相談依頼は市内を中心に県内全域へと拡大しました。そもそもピア・カウンセリングは1970年代にアメリカの自立生活センター（CIL）ではじめられました[1]。CILで働く障害者のスタッフは自分自身が自立生活者のモデルとなり、ピア・カウンセラーと呼ばれました。なお、ピア・カウンセリング事業は、障害者自立支援法（2013年度から障害者総合支援法として施行）の施行に伴う地域生活支援事業の法定化により、市町村が地域の特性に合わせて実施する市町村障害者生活支援事業の一つとして位置づけられました。

　本節で紹介するような視覚障害者を対象とするピア・カウンセリング実践は、全国的にみても限られたものとなっています。支援センターの相談支援事業は、従来の"ピア・カウンセリング"におさまらない機能を持つことから、

より広義の相談支援事業としてとらえ、"ピア・サポート[*1]"という概念を使用しています[2]。

（2）ピア・サポート実践の到達点を明らかにするために

　筆者は、支援センターにおける事業開始から約2年間のピア・サポート実践について、調査に取り組んでいます。

　第1回の調査（2002～2004年までの約2年間）では、支援センターでピア・サポートを受けた中途視覚障害者59人の相談記録を分析しました[3]。その結果、相談者の大半は30～50歳代で占められ、その多くは進行性の弱視者でした。

　相談内容をみると、ADL（日常生活動作）や福祉情報提供に関する内容が中心を占めましたが、中途障害に起因する心理面での苦悩が相談者に共通してみられました。さらに相談者の多くは、失明不安、生活不安、就労不安を抱えており、精神疾患が疑われる事例も散見されました。同一の障害を有し、障害体験を共有するピア相談員は中途障害者にとって「役割モデル（roll model）[*2]」であり、ピア・サポートは心理的安定、自立を促す援助となっていました[4]。

　第1回の調査報告で明らかとなった相談支援事業の課題は、心理面の相談を多く含むにもかかわらず、医療をはじめ関連領域との連携が十分になされていないこと。さらに、ピア・サポートの質は地域差が著しいことから、地域を選ばない形での支援に広げることが挙げられました。この課題がどのように改善されたのか、さらに10年目を迎えようとするピア・サポート実践の到達点を明らかにするため2回目の調査を実施しました。

　本節の目的は、①前回調査との比較を通して支援センターにおける相談支援事業の推移を整理し、その意義と課題を明確化すること、②ピア・サポート実

---

*1　同じ体験を持つ障害者同士が生活上の助言や相談を行うことを意味し、ピア・カウンセリングを語源とするが実際にはカウンセリングにおさまらない機能を含む。本節では、ソーシャルワークの機能を加えた概念として使用している。

*2　自分自身の行動の手本となる存在を意味する。障害者は社会における少数派（マイノリティ）であり、手本とするモデルはたやすく見つからない。とりわけ難病や重度障害者の場合、「先輩」障害者を見つけることは困難である。将来に不安を感じている受障直後の障害者にとってピア相談員の果たす役割は大きい。

践の分析を通して地域における視覚障害者支援のあり方を考察することとします。

2 相談支援事業に対する調査

(1) 調査方法

　支援センターにおいて本格的に相談支援を開始した2008～2010(平成20～22)年度のすべての相談記録をピア相談員の協力を得て分析しました。相談件数は延べ604件におよびました。相談記録ごとにカテゴリー化を図る上では、ピア相談員が設定した9つの分類（①相談者のメンタル面の支援を中心としたピア・カウンセリング、②生活問題を中心とした相談、③就労の継続や就労支援に関する相談、④コミュニケーション支援に関する相談、⑤修学の支援、通常の学校や特別支援学校、大学等への進学に関する相談、⑥移動支援に関する相談、⑦相談者を含む家族に関する相談、⑧ロービジョンに関する相談、⑨その他）にしたがいました。

　相談記録を分析するにあたっては、相談者の生活実態を詳細に把握するとともに心理的変化を相談記録から読み取ることに努めました。また、相談者の心理状況の評価は、DSM-Ⅳ-TR[5]の診断基準を参考にしています。さらに特徴的な相談事例を抽出し、詳細に分析しました。

　なお調査は、支援センターの施設長並びに関連職員の協力を得て2011（平成23）年4～10月に実施しました。調査対象者に研究目的でのインタビューであることを説明するとともに、調査対象者の個人情報は研究目的以外に使用しないこととし、了解を得ています。また、執筆時は対象者が特定できないように情報を操作し、プライバシーの保護に最大限留意しています。

(2) ピア相談員

　調査結果を報告する前に、この調査に協力いただいている支援センターのピア相談員である2人の女性を紹介します。

　A相談員は40歳代の時に「網膜色素変性症」が進行したため、地方公務員（専

門職）を退職しました。その後、支援センター発足当初から非常勤職員として相談業務を一人で担ってきました。網膜色素変性症の初期症状は周辺視野が欠損し、暗所での著しい視力低下がみられます。さらに数年から数十年をかけて視機能低下が進行し、日常生活に困難をきたすものとなります。最終的には、失明もしくはそれに近い状態に至るもので、現状では有効な治療法が確立されていません。A相談員の場合は、中心視野が長期間残存していたため、仕事（公務員）を継続するか否かの選択に苦悩した経験を持っています。B相談員は先天性の弱視者で、調査期間中の2010、2011（平成22、23）年度には、主として弱視者を対象に相談にあたりました。

　A相談員は自らの受障経験をふまえ、中途視覚障害者が抱える困難について3つの特徴を挙げています。1つ目に、視覚や聴覚等の感覚機能に障害のある者は障害のない他者からその困難さが理解されにくいこと。とりわけ弱視者は、他者からその見えにくさが理解されにくいため、家族や職場など様々な人間関係において齟齬を生じやすい状況にあります。2つ目に、弱視者には、「網膜色素変性症」や「糖尿病性網膜症」など進行性の眼疾患を患う者が多いこと。これらの疾患は段階的に視機能が低下するため、短期的に視機能の低下を受け容れることができても、数年後に再び視機能低下が起こるとあらためて障害と向き合うことになるのです。さらに失明に至るまでこの経験を繰り返すことがこころの負担となっており、いわゆる障害受容のステージ理論[6)7)]でその心理を説明することは困難なのです。3つ目に、視覚障害の原因となる疾患が遺伝性の場合はさらに深刻で、病因の問題[*3]から人間関係に齟齬が生じ家族崩壊に至る事例が少なくないことなどを挙げています。

3　相談支援事業の実態

　第2回調査では、相談者の個人情報を保護する観点から相談者数を特定する

[*3] 子どもに遺伝性の眼疾患が発症した場合、遺伝が母方にあるのか父方にあるのかをめぐること。家族内に齟齬が生じることが少なくはなく、そのことを原因として家族の離散に結びつくケースもある。

ことができませんでした。そのため、第1回調査結果との単純な比較はできませんが、支援センターにおける相談支援事業の推移を示す一つの指標として取り上げ整理していきます。

(1) 相談者のプロフィールと相談の実態

表4-1にあるように、性別は男性が53.6％、女性が46.4％で前回調査（男性52.5％、女性47.5％）と同様の結果となっています。相談者の居住する地域は、支援センターが設置されている名古屋市内が62.6％、名古屋市内を除く愛知県内が30.2％、愛知県外が7.3％となっています。前回調査で名古屋市内が71.2％を占めていたのに比べ、今回の調査では県外からの相談者が増加しています。

表4-1 相談者のプロフィールと相談の実態

項目		第2回調査		第1回調査	
		件数(人)[※1]	構成比(%)	件数(人)	構成比(%)
性別	男性	224	53.6	31	52.5
	女性	194	46.4	28	47.5
	総数	418	100.0	59	100.0
居住地域	市内	284	62.6	42	71.2
	市外	137	30.2	16	27.1
	県外	33	7.3	1	1.7
	総数	454	100.0	59	100.0
相談回数	初回のみ	218	52.2	42	71.2
	継続	200	47.8	17	28.8
	総数	418	100.0	59	100.0
相談方法	電話	250	50.8	29	49.2
	対面	225	45.7	30	50.8
	訪問	17	3.5	—[※2]	—
	総数	492	100.0	59	100.0

※1 延べ件数含む
※2 第1回調査時には、訪問による相談は実施されていない

年齢構成をみると、0～19歳が7.2%、20～29歳が14.1%、30～39歳が19.4%、40～49歳と50～59歳が17.3%、60～69歳が14.6%、70歳以上は10.1%となっています。前回調査で最も多くを占めた世代である40歳代、50歳代は減少傾向にあり、これに代わって0～29歳の30歳未満が21.3%を占めるとともに、30歳代も前回調査を上回っており、相談者の年齢層が低下する傾向が顕著となりました。なお、図4-1において0～29歳をひとまとめにした理由は、前回調査の分類に準じたことによるものです。

相談回数をみると、初回のみの相談者は全体の52.2%を占めました。前回調査の71.2%に比べ減少したものの、2回目以降の継続の相談者が47.8%を占め、前回調査の28.8%に比べ増加する傾向が示されました。

相談方法としては、電話による相談が50.8%と最も多くを占め、支援センターに来所した相談者は45.7%となっており、前回調査とほぼ同様の結果となっています。なお、ピア相談員が相談者の自宅や入院中の医療機関、入所施設等を直接訪問する方法が2008（平成20）年度から開始されました。年間、数件実施されており、今回の調査では3.5%みられました。

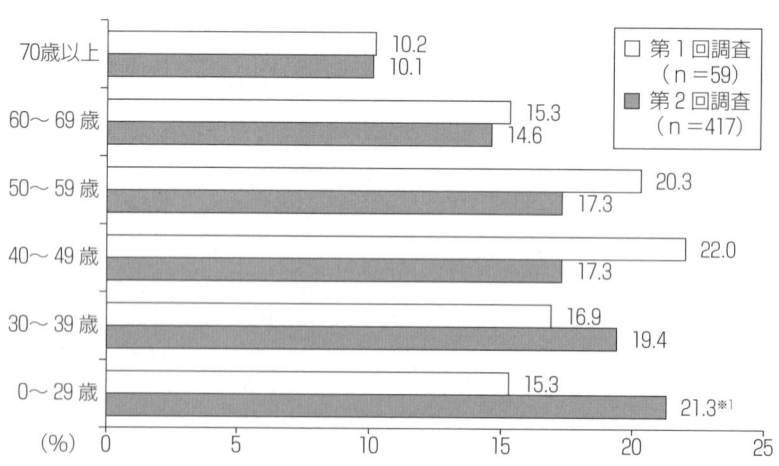

年齢	第1回調査 (n=59)	第2回調査 (n=417)
70歳以上	10.2	10.1
60～69歳	15.3	14.6
50～59歳	20.3	17.3
40～49歳	22.0	17.3
30～39歳	16.9	19.4
0～29歳	15.3	21.3[※1]

※1 第1回調査時の年齢層の分類に合わせ「0～29歳」で集計した（その内訳は、「0～19歳」が7.2%、「20～29歳」が14.1%）

図4-1　相談者の年齢構成

（2）相談内容

　カテゴリー化した相談記録に基づき、相談の目的が何であったかをみてみました。相談件数順にみると、「①相談者のメンタル面の支援を中心としたピア・カウンセリング」が24.7％と最も多く、おおむね全体の約4分の1を占める結果となっています。その具体的内容は、眼疾患の発症や進行により失明宣告を受けることによるこころの問題が中心となっています。失明宣告や障害告知後の不安、そのことに関連する将来に向けた不安や就労・修学の継続、退職や退学後の不安となっています。さらに行政機関等による公的支援に対する不満が含まれています。

　「②生活問題を中心とした相談」は19.7％を占めています。その具体的内容は、受障後の生活問題が中心となっています。受障後に離職した人やその家族は収入の激減によって深刻な生活問題に直面します。ピア相談員はこうした人々に対し市町村の障害者福祉部門に結びつける支援、障害者年金の受給手続き、生活保護の申請、その他各種障害福祉サービスに関する情報提供を行っています。

　「③就労の継続や就労支援に関する相談」は17.9％を占めています。その具体的内容は、視機能障害の進行によって仕事を辞めるべきか否かといった問題です。さらに離職者の再就職へ向けた相談、受障後の就労のための職業リハビリテーションに関する相談があります。

　「④コミュニケーション支援に関する相談」は12.6％を占めています。その具体的内容は、全盲者に対する点字、弱視者に対する拡大読書器[*4]や弱視用レンズ[*5]など補助具の活用、パソコンを利用する際の音声出力や拡大機能などに関する相談となっています。

　「⑤修学の支援、通常の学校や特別支援学校、大学等への進学に関する相談」は6.0％を占めています。2007（平成19）年度に開始された特別支援教育によっ

---

*4　視覚障害者等が見たい文字や写真などを拡大してモニターに映し出す機器（Closed Circuit Television）。
*5　弱視者の視機能障害に対応して、医療者が視覚補助具（遮光眼鏡・ルーペ・単眼鏡）を処方している。

て視覚障害のある児童生徒が通常の学校で学ぶ条件が緩和されました。こうした動きもあって通常の学校で学ぶ視覚障害児は増加する傾向にあります。実際、学校教育法の改正後は、第2回調査期間中に限らない傾向として、支援センターにおける10歳代の相談者は増加しています。特別支援学校（盲学校）に通学する場合は、視覚障害教育に関する専門的な支援を受けることができますが、通常の学校で受けられる専門的支援[*6]は限られています。したがって、相談の具体的内容は、教科書の拡大や点字化[*7]、教材や教具の活用、入学試験や入学準備に関する相談などとなっています。

「⑥移動支援に関する相談」は4.1％を占めています。その具体的内容は、大

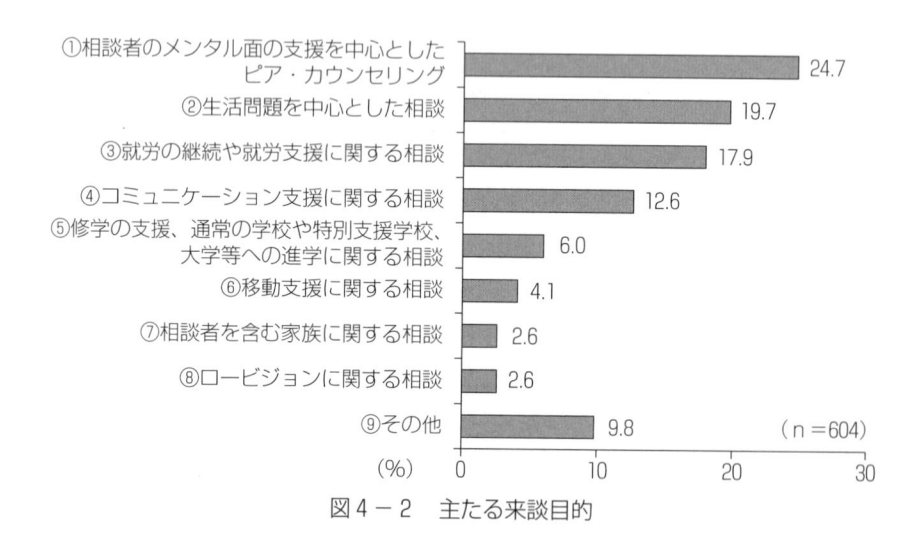

項目	％
①相談者のメンタル面の支援を中心としたピア・カウンセリング	24.7
②生活問題を中心とした相談	19.7
③就労の継続や就労支援に関する相談	17.9
④コミュニケーション支援に関する相談	12.6
⑤修学の支援、通常の学校や特別支援学校、大学等への進学に関する相談	6.0
⑥移動支援に関する相談	4.1
⑦相談者を含む家族に関する相談	2.6
⑧ロービジョンに関する相談	2.6
⑨その他	9.8

(n＝604)

図4-2　主たる来談目的

*6　通常の学校で視覚障害児が受けられる支援は限られており、現状では、親や（親が依頼した）点訳ボランティアが教材の点訳や墨訳を担っている。ある県の公立高校では、県教育委員会が点訳者を臨時に雇用し、校内の一室で点訳作業等に従事している例がある。また、定期試験等は県内の特別支援学校（盲学校）による支援を受けている。

*7　弱視児を対象とする拡大教科書は「障害のある児童及び生徒のための教科用特定図書等の普及の促進等に関する法律」（2008（平成20）年）の施行により、各教科書会社から発行されるようになった。盲児を対象とする点字教科書は、文部科学省著作本として小学校と中学校の各教科につき1種類が点訳されている。ところが、教科書の採択は地域によって異なるため、文部科学省が編集した教科書をすべての盲児が使用できるわけではなく、通常の学校で学ぶ盲児の場合は、点訳ボランティア等によるプライベートサービスに頼らざるをえないのが現状といえる。

まかに2つに分けることができ、1つは、ADLに関する相談です。視機能障害の進行で歩行等が困難になったことに対する支援についての相談です。ピア相談員は市内の総合リハビリテーションセンターと連携し、視覚障害リハビリテーションに関する情報提供を行っています。2つ目は、移動支援に関する相談で、地域の移動支援事業に結びつけるための情報提供を行っています。

「⑦相談者を含む家族に関する相談」は2.6％を占めています。その具体的内容は、家族の受障や眼疾患の発症に際しての相談です。その他、受障した家族との人間関係をめぐる相談などがあります。

「⑧ロービジョンに関する相談」は2.6％を占めています。その具体的内容は、弱視者が抱える視機能の問題について、眼科医療やロービジョンケアに関する相談と情報提供となっています。

（3）相談事例

ここでは支援センターにおける特徴的な相談事例を取り上げ、支援の経過について報告します。紹介するのは4つの事例です。

CさんとDさんは、ピア相談員がアウトリーチ[*8]の形で相談を進めた事例で、ピア相談員を中心に就労支援機関、医療機関が連携して支援にあたりました。Eさんは、公的な支援と本人のニーズにズレが生じた事例です。ピア相談員によるコーディネートの結果、地域支援ネットワークに結びつけることができました。Fさんは、通常の学校に籍を置く視覚障害児です。特別支援教育がはじまり通常の学校で学ぶ障害児は増える傾向にあります。Fさんは学校生活において問題を抱えていましたが、ピア相談員による修学支援によって大学進学を実現することができました。

Cさん（20歳代、弱視、女性）の場合は、愛知県障害者雇用開発協会の依頼を受けたピア相談員がCさんの職場に出向き、相談を実施しています。相談内容はCさんと職場の上司の感情的な対立でした。Cさんは職場で視機能障害が原因で失敗したことに対し上司から注意を受けました。このことでCさんがパ

＊8　支援者などが対象者の自宅や入所先に直接出向き、様々な支援を行うこと。

ニック状態になってしまったというものです。ピア相談員は、はじめにＣさんの気持ちを受けとめるための傾聴を行いました。次に人事担当者に対し、Ｃさんがその障害によって影響を受ける部分とそれ以外の部分を明確に区別して指導や助言にあたるよう依頼しました。なお、ピア相談員による訪問は２度にわたって実施されています。

　Ｄさん（40歳代、全盲、男性）の場合は、大学病院の医療ソーシャルワーカーから依頼を受けたピア相談員が病棟へ出向き、相談を実施しています。相談内容は失明から３か月を経過して、「この先、何を目標に生きていけばよいのかよくわからない」というものでした。ピア相談員ははじめにＤさんの気持ちを受けとめるため傾聴を行いました。ピア相談員はＤさんと同様の失明経験を有しており、自らの経験を交え、共感的な理解を深める相談を行っています。さらにＤさんは視覚障害リハビリテーションのための通所を躊躇していましたが、ピア相談員の「何かを見つけるつもりではじめてみては」の助言が契機となり、通所を決意しています。なお、ピア相談員による訪問は２度にわたって実施されています。

　Ｅさん（60歳代、全盲、男性）の場合は、主たる介助者である妻の入院に伴い単身生活を余儀なくされたケースです。障害を抱えてのひとり暮らしに不安を感じたＥさんは、市役所の担当者に介護保険による支援を依頼しましたが、その要望は市役所に聞き入れてもらえず、不満を抱えていました。ピア相談員はＥさんと同じ網膜色素変性症で失明した経験があるため、Ｅさんの思いを共有することは容易でした。ピア相談員によるコーディネートによって近隣市のリハビリテーションセンター、視覚障害支援団体との連携をとりつけ、障害者自立支援法（2013年度から障害者総合支援法として施行）による支援を組み立てることができました。さらに、近くに住む娘さん夫婦の協力を得ることができるようになり、Ｅさんの不安は軽減されていきました。なお、このケースでは２度の電話相談と１度の自宅訪問が実施されています。

　Ｆさん（10歳代、全盲、女性）は、小学校から高等学校まで通常の学校に籍を置いてきました。中学校までは点訳ボランティアによる支援（プライベートサービス）によって、教科書や教材などの情報保証がなされてきました。とこ

ろが、高等学校では教育内容が高度となり、その範囲は多岐にわたるため、保護者とボランティアで支えていくには限界がありました。視覚障害者の支援機能を有する支援センターの情報を活用したピア相談員のコーディネートによってＦさんの支援ニーズに対応した支援が行われました。その他、このケースでは非障害児の中で生活する際に生じる人間関係や修学全般にわたる相談が実施されています。

4 障害のある専門職による支援の意義

(1) 相談支援事業に求められる役割

　先述したように、第２回調査では、相談者の個人情報を保護する観点から相談者数を特定することができませんでした。そのため、第１回調査結果との単純な比較はできませんが、支援センターにおけるピア・サポートによる相談支援事業の推移を示す一つの指標として取り上げ、求められている役割について概観します。

　今回の調査の３年間での相談総件数は604件に達しています。前回調査の約２年間における相談者は80人（調査対象者は59人）でしたので、このことから相談者数は数倍の増加とみることができます。この結果は、ピア相談が地域において広く認知されたことを表すとともに、様々な困難を抱える障害者が、同一の障害のある相談者を相談相手として選んでいる実態を表すものといえます。

　相談者の住所をみると、県外から相談に訪れるケースが増えています。前回調査が市内中心であったことから、ピア相談やこれと同等のサービスを提供する社会資源が地域的に偏在（点在）する実態を表しているといえます。実際、視覚障害者を対象とするピア相談が可能な事業所は首都圏や関西圏に集中しており、東海地区の相談者は名古屋市内の支援センターに頼らざるをえないのが実情となっています。

　相談者の年齢構成をみると、若年層の増加が目立っています。前回調査の相談者の年齢層は、「40歳代」「50歳代」「30歳代」の順でしたが、今回の調査では、「30歳未満」「30歳代」「40歳代、50歳代」の順となっています。とくに「30

歳未満」の相談者は2割以上にのぼり、前回調査の1割強を超える結果となっていました。

厚生労働省の調査からは、視覚障害者の年齢構成に急激な変化がみられないことを考慮すると、30歳代や20歳代の相談者については、潜在的に問題を抱えていた人々が顕在化したものと考えることができます。医療機関、リハビリテーション施設、福祉事務所、ハローワークなど公的部門において、支援センター（ピア相談）に関する情報提供が、より適切になされるようになってきたことが背景にあるものと思われます。

相談の実態からみると、前回調査では、初回のみの相談者が7割強を占めたのに対し、今回の調査では5割強にとどまっています。前回調査における主要な相談目的は、受障後に困難となったADLの改善に関する内容が多くを占め、情報提供によって問題解決を図ることができるものといえました。

要するに、前回調査の相談は初回のみで問題を解決することができる事例が多くみられたのに対し、今回の調査の実態から、複数回にわたる相談を希望して受けるとともに、関連する支援機関や専門職と連携する中で自立に向けた支援が行われていることがわかりました。

（2）ピア・カウンセリングからピア・サポートへ

すでに述べたように前回調査の相談回数は、初回のみが7割強と最も多くを占めています。次に2回、3回が続き、4回以上におよぶケースは約1割となっています。なお、いずれの調査においても相談回数が4回以上におよぶ相談者に共通するのは、精神面に問題を抱えている場合でした。受障後のショック状態が尾を引き、うつやうつ様状態（引きこもり状態にある者を含む）、その他、受障時の体験からPTSD[*9]の症状を呈しているケースがみられました。

今回の調査では、初回のみの相談で完結するケースの割合は約半数と相対的

---

*9　心的外傷後ストレス障害（posttraumatic stress disorder）の略。心的外傷を引き起こすような（死または重傷を負う）出来事を体験した後で起こる。症状としては、外傷的な出来事が再体験（フラッシュバック）される、外傷体験を想起させるものを避けるようになる、孤立または孤立感が深まる、睡眠障害、過度の驚きや警戒心、集中できなくなるなどがある。

に下がり、複数回にわたる相談が多く実施されています。2回目以降の相談は、ピア相談員による訪問という新しい形での支援、また他の社会資源と連携した支援を実施していることが明らかとなりました。このことから、支援センターにおける相談支援のあり方が、情報提供やピア・カウンセリングから、相談者が抱える心理的問題と同時に自立に向けた福祉的支援を実践していることが示されました。

　事例で挙げたＣさんにみられるように、従来の支援は中途視覚障害者が就労するまでに重点が置かれてきました。ところが実際は、就労までの支援の難しさに加えて就労後の職場定着が大きな課題となっています。とりわけ弱視者の場合、視機能障害の状況が他者から理解されがたいため、しばしば誤解を招くことがあります。一例を挙げれば、弱視者は見えにくい目で作業を継続することによって一時的に目を使うことが困難になります。そのため、自主的に休憩をとりながら作業を行う必要があります。ところが、そのことが職場の上司（同僚）から指導や注意の対象となってしまうのです。本人は納得がいかないため、感情的なやりとりとなり職場の人間関係に齟齬をきたすことがあります。Ｃさんの場合はピア相談員が職場に出向き、ピアの視点で本人の思いを受けとめ、共有するとともに障害者雇用促進協会の専門職、職場の人事担当者と連携した対応策を検討することで問題解決の方向に進みはじめています。

　Ｄさんの場合は、ピア相談員が医療ソーシャルワーカーと連携した上で、入院中のＤさんを直接訪問しています。近年、医療機関では医療ソーシャルワーカーや臨床心理士が受障後の患者の支援に力を注いでいますが、患者のニーズを満たすことは容易ではありません。病院内の支援機能を充実させるだけでなく、このケースのように積極的に他の社会資源（支援センターのピア相談）と連携した支援を行うことが重要なのです。このケースでは、ピア相談員の特性を生かした精神面の安定へ向けた支援、視覚障害リハビリテーションへ向けた支援を実施し効果を上げています。

　事例のＥさんの場合は、ニーズに対し公的な支援が適切になされなかったことが不満の原因となっていました。ピア相談員は当事者の視点でＥさんのニーズを受けとめ、地域の社会資源と連携した支援を再構築しています。このこと

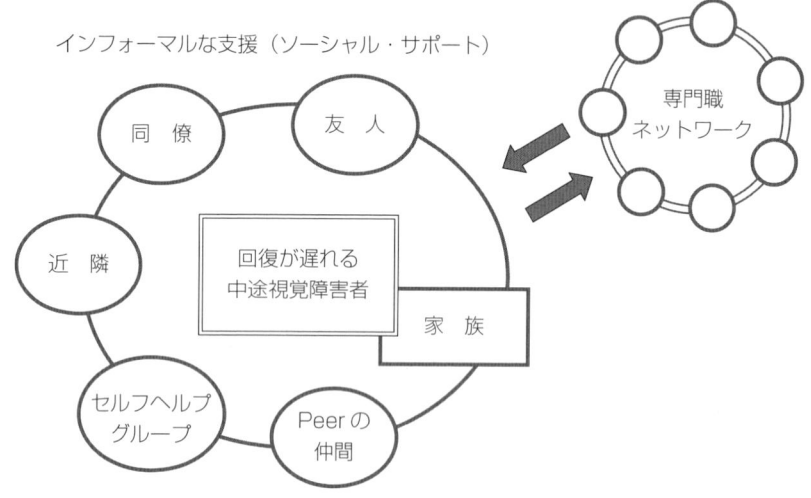

図4−3　インフォーマルな支援を活用した中途視覚障害者支援

はフォーマルな支援ではカバーしきれない部分をインフォーマルな支援が補う、あるいはフォーマルな支援とインフォーマルな支援が機能的に連携するという支援となっています。

（3）通常の学校で学ぶ視覚障害児に対する支援

　すでに述べたように前回調査に比べ、30歳未満の相談者の伸びが目立っています。その内訳をみると、10歳代の相談者の増加も含まれ、この年代の相談内容をみると、大きく2つに分けることができます。1つは、視覚障害児とその親からの相談です。2つ目は、視覚障害児の教育に関する相談です。前者については前回調査と比べてもほぼ同様のものといえました。後者については2007（平成19）年度に開始された特別支援教育の影響が考えられます。

　わが国は2007（平成19）年度に特別な教育的ニーズのある子どもたちに関する教育制度を大きく転換しました。同年度に開始された特別支援教育によって視覚障害児の学ぶ場は盲・聾・養護学校や特殊学級に限らなくなりました。実際、支援センターがある愛知県では、2009（同21）年度に3人の視覚障害（全盲）生徒が通常の高等学校（公立高校：2人、私立高校：1人）で学んでいま

す。障害児が通常の学校で学ぶための制度的な障壁は低くなりましたが、一方で通常の学校における障害児に対する支援は十分ではない状況にあります。

　事例のFさんが在籍する私立高校は、同一法人内に福祉系の大学があり、その系列大学の障害学生支援センターの助言を受けながらFさんの支援にあたることができました。このこともあり入学当初は、教科書、教材、試験問題の点訳など必要な情報保証に問題はありませんでした。むしろFさんの悩みは、友人や教員との人間関係にありました。例えば、教員による特別扱いや過度の配慮です。障害があることによってできないことがある半面、できることもあるのですが、障害のある学生に「慣れて」いない教員は事故やトラブルを恐れるあまり、「腫れ物にさわるように」Fさんに接してしまうのです。このことでFさんは悩みました。ピア相談員との面談は頻繁（多い時期で月1回程度）に行われ、修学上の困難は軽減しました。Fさんは高校卒業後、系列大学に進学しています。

　インクルーシブ教育の先進国であるイギリスでは、障害児が通常の学校で学ぶことによって生じる問題の深刻さが指摘されています[8]。英国盲人協会の報告では、「級友など周りの人の接し方が彼らのQOLを左右する」「教師が子どもの障害の問題を十分に理解していない」などの指摘がなされています。わが国においても通常の学校に通学する障害児は今後一層増加することが予想され、特別支援学校のセンター的機能[*10]の充実とともに、支援センターなどの社会資源の役割に着目すべきなのです。

（4）ピア・サポートの意義と課題

　名古屋市の支援センターで行われている相談実践の記録を分析した結果、相談者の年齢構成に若年化の傾向がみられるとともに、通常の学校に籍を置く視覚障害児の修学に関する相談が増える傾向がみられました。相談目的は相談担当者が障害当事者であることに関連するメンタル面の支援を中心とした相談が

[*10] 通常の学校に在籍する障害児をはじめとする特別な教育的ニーズのある児童生徒に対し、適切な教育を提供するため特別支援学校の専門性を生かし、地域の小・中学校を支援すること。

最も多くを占めていました。調査で明らかになった傾向としては、初回のみの相談が減少するとともに、複数回にわたって相談支援を受けるケースが増えていました。このことに関連してピア相談員が、他の社会資源や専門職と連携し、相談者の自立に向けた総合的な支援が数多くみられました。

相談内容は多岐にわたっていますが、最終的には相談者が精神的にも身体的にも元気を取り戻し、安心して暮らせる環境を整えることが目標となっています。そのためには、ピア相談員による支援だけでは限界があるのです。地域における様々な社会資源と連携し、地域で暮らす障害者を支える視点が不可欠なのです。ピア・サポートによる相談が開始され10年目を迎えようとしていますが、ピア相談員の支援内容は障害者を支える地域ネットワークの一部として機能しはじめようとしています。公的部門による支援の充実とともに、公的部門ではカバーできない当事者ならではの視点が期待されています。

歴史ある視覚障害者支援施設が名古屋市内に存在したため、開設された相談支援事業ですが、ピア相談員の献身的な努力によって地域で暮らす障害者の自立を促す支援となっています。"ピアの力[9]"を積極的に活用し、地域を選ばない形での支援に広げていくことが今後の課題です。

第 2 節　障害のある学生を支える

1　障害のある学生の大学進学

第2次世界大戦が終わると高等学校生徒の大学等への進学率は増加しました。1960年代に入り10％程度であった大学等への進学率は、1960年代の高度経済成長を背景に1974（昭和49）年には25％を超え、その後、停滞する時期を迎えますが、1990年代に入ると再び増加が加速し、1993（平成4）年には40％を超えています。2011（同23）年度の大学学部、短期大学、高等学校専攻科、特別支援学校高等部専攻科への就学率は53.9％に達しているのです[10]。

高校生全体の大学等進学率が高まる中、障害学生の進学率も同様の傾向を示

しています。日本学生支援機構によると、2011（平成23）年度に大学等で学ぶ障害学生は１万236人に達しています。ノーマライゼーション思想の普及、バリアフリーやユニバーサルデザインに代表される障害者がアクセスしやすい環境の整備がこうした傾向の背景にあるものと考えられます[11]。もはや大学は、「障害者に対応した施設設備が整っていない」「障害者に対応した授業ができない」といった理由で障害学生の入学を拒否する時代ではないのです[*11]。

　障害学生を受け入れる大学の増加は歓迎すべきことですが、障害学生を受け入れたものの支援する体制が十分ではない大学が数多く存在します。障害学生はその障害種別によって多様な支援が求められていますが、それぞれの障害種別に対応できる大学は限られています。筆者は1980年代から障害のある高校生の大学への進学支援に携わってきました[*12]。その経験から感じることは、障害学生を支援する体制に大学間の格差が大きいことです。障害学生を総合的に支援する専門セクターを設置する大学が増えてきているのに対し、他方で障害学生支援は専ら家族や友人、有料ボランティア任せとしている大学が存在しています[12]。

　本節は、大学における障害学生に対する修学支援の歴史をふまえた上で、その現状について明らかにします。ここでは、筆者がNPO法人を通じて支援してきた視覚障害学生を取り上げ、学生生活を送る上で直面する問題を整理するとともに、その解決方法について検討します。

2　障害学生の概況と修学支援の現状

（１）障害学生の概況

　2011（平成23）年度に全国の大学等で学ぶ障害学生の総数は、表４－２にあ

---

*11　筆者が特別支援学校に勤務し高等部卒業生の大学進学を担当していた1980年代においては、本文中にあるような理由で障害学生を門前払いする大学は珍しくなかった。

*12　1980年代、増大する入学試験点訳の要望に対応する専門機関の設置が盲学校と大学の双方から望まれるようになり、1989（平成元）年に全国高等学校長協会を母体とする「入試点訳事業部」が生まれた。筆者は同事業部の理事として、視覚障害のある高校生の大学進学の支援に従事してきた。

表4－2　障害学生数の推移

年　　度	2011	2010	2009	2008
障害学生数（人）	10,236	8,810	7,103	6,235
障害学生在籍率（％）	0.32	0.27	0.22	0.20
障害学生在籍校数*）	807	785	742	719

＊）　障害学生が1人以上在籍する学校数
出典：日本学生支援機構『大学・短期大学及び高等専門学校における障害のある学生の修学支援に関する実態調査結果報告書』2009－2012年から抜粋して作成

るように1万236人となっています。障害学生が大学等に在籍する率は0.32％を占め、年々増加する傾向にあります。なお、障害のある学生が1人以上在籍する大学等は、調査の回答が寄せられた1,206校中807校となっており全体の66.9％を占めています。

　在籍率0.32％が多いか少ないかについては意見が分かれるところです。オーストラリアにおける障害学生の在籍状況と比較すると、同国の障害学生数は約2万人（2000年）に達しており、全大学生の約3％を占めています。同国では1992年に成立した障害者差別禁止法に基づき障害者やマイノリティに修学の機会を保障しており、各大学には障害学生を支援するための連絡官が配置され、入学に際して不利にならないよう配慮がなされています[13]。

　わが国の大学等で学ぶ障害学生を障害種別でみると、肢体不自由（身体障害）が2,491人（24.3％）、聴覚障害・言語障害が1,556人（15.2％）、視覚障害が681人（6.7％）、病弱・虚弱が2,047人（20.0％）、診断書を有する発達障害が1,453人（14.2％）、重複障害が170人（1.7％）などとなっています。これら1万236人の障害学生の中で、「学校に本人からの申し出があり、それに対して学校が何らかの支援を行っている」学生（以下、支援障害学生とする）は、5,897人にのぼり57.6％（以下、障害学生支援率とする）を占めています。障害学生支援率は、障害種別によってばらつきが大きく、割合の高い順に並べると、視覚障害が77.1％、重複障害が75.3％、診断書を有する発達障害が73.2％、聴覚・言語障害が66.8％、肢体不自由が51.6％、病弱・虚弱が36.5％となっています。

　障害学生支援率の最も高い視覚障害学生について、その詳細をみたいと思い

ます。視覚障害学生681人のうち、盲（blindness、主として点字を使用）が134人（19.7％）、弱視（law vision、主として拡大文字等を使用）が547人（80.3％）となり、それぞれの障害学生支援率は、盲が93.3％、弱視が73.1％となっています。なお、全国で視覚障害学生が1人以上在籍する学校数は231校（そのうち、支援視覚障害学生が1人以上在籍する学校数は170校）に達しています[14]。

（2）修学支援の現状

　支援障害学生が在籍する大学の修学支援方法（2007年度）をみると、ノートテイク*13、手話通訳、点訳*14等の授業支援を行っている大学は、障害学生が1人以上在籍する大学の86.5％を占め、在籍する障害学生が6人以上の大学になると100％に達しています。ところが、障害学生を支援するための委員会を学内に設置する大学は10.5％、専門部署や専門機関を設置する大学は3.6％、修学支援に関する業務を専門に行う担当者（コーディネーターを含む）を配置する大学は14.1％（専任は2.9％）、障害学生の修学支援に関する規定等を整備している大学は7.9％にとどまっています[15]。

　以上のように、社会環境の変化に後押しされ、障害のある学生は年々増加する傾向にあります。これに対し、障害学生を受け入れる大学側は、ハード面を中心に施設設備の整備や様々な修学支援を実施しているものの、一部の大学を除き専任教職員による専門委員会や専門部署が設置されていないため、障害学生の支援ニーズに十分応えることができていません。

3 障害学生の支援ニーズ

（1）障害学生が抱える困難

　ここでは、障害学生の中で障害学生支援率が最も高い視覚障害学生を取り上げます。視覚障害学生は障害の状況から、盲学生と弱視学生に分けることがで

　＊13　聴覚障害者に対する情報保障手段で、話している内容を要約し文字として伝えること。
　＊14　視覚障害者に対する情報保障手段で、目で見る（読む）内容を点字にして伝えること。

きます。盲学生は視覚を用いて日常生活を行うことができない学生、弱視学生は視覚を用いることはできるものの視機能障害によって日常生活が不自由な学生を指しています。視力は一般に0.5以上（矯正視力を含む、以下同じ）あれば日常生活上支障はないとされていますが、0.1を下回ると様々な困難が発生します。さらに0.04を下回ると一般の文字の利用が困難となり、点字使用を勧める段階とされてきました。

視覚障害の困難はそれだけではありません。例えば、視野や色覚の障害は同一の障害のない他者からは認識されにくいため、その困難さが法や制度で評価されるまでには長い時間がかかっています。視野障害は、①視野の周辺が見えなくなってしまう求心性視野狭窄、②視野の一部が見えなくなる暗点、③視野の右半分とか左半分が見えなくなってしまう半盲の3種類に分けられます。したがって、視力検査の結果が1.0であったとしても、視野が中心部に5度しかない場合は、歩行や読書に著しい困難をきたすのです[16]。

（2）学習面の支援ニーズ
❶視覚障害学生（盲学生）

盲学生は、主として点字を使用して学習を行います。したがって、教科書や専門書、授業で使用する資料等は、点訳を通じて障害学生に提供する必要があります。ただし、教材等に点訳されていれば一般の学生と同等の情報保証がなされるというわけではありません。それは、指等でふれて読む点字の特性によるものです。

点字は専用の用紙に打たれた6つの点（凸点）で構成され、目で見る活字のすべてに対応するものです。ところが、図・表・グラフ、地図・イラストといった視覚に訴える目的で作成されたものを同等の内容で点訳することはきわめて困難です。不十分ながら点訳できたとしても、それを障害学生が理解するのは困難です[17]。点字は一部を除き漢字を使用しないため、すべてカナ・数字・アルファベット等で表されています。したがって、同音異義語の識別は困難であり、指導者による補足説明が不可欠です。また、指でふれて識別するため一定の大きさが必要であり、一般の書籍のように字のサイズを小さくするなどして

1ページの情報量を多くすることはできません。例えば、1冊の英和辞書を点訳すると、1巻あたり厚さ5cm程度の点字図書で30巻を超えることは珍しくありません。さらに、指でふれなければ情報を取り入れることができないということは、1冊の図書から必要な情報を瞬時に探すことは不可能といえます。辞書等を除き、必要なページを探し出すために多くの時間を必要とします。読書にかかる時間が一般の学生に比べ、最低1.5倍程度以上必要となることについても支援者は配慮する必要があるのです。

　専門書の点訳は、専門技術を要する作業です。点訳者は、点字に関する知識・技能を備えていることに加え、その分野に対する高い見識が求められるのです。さらに、点訳にかかる作業には膨大な時間が必要となります。時間に制約がある場合は、音訳[*15]、録音図書、対面朗読などを併用することになります。

　点訳とは別に、授業で配付する資料や掲示内容をテキストデータで提供する方法があります。この方法は様々な障害学生に対応できるというメリットを持っています。近年、パソコンに習熟した障害学生が増えています。教職員は事前に登録された学生のアドレスにテキストデータを送信し、受け取った学生は音声パソコンで再生することができます。ただし、この方法でも図表、写真、イラスト等をパソコンで読み上げさせることはできません。

❷視覚障害学生（弱視学生）

　弱視学生は教室環境に影響を受けやすいため、座席位置の選択（窓側か廊下側か）、室内照明の調整（強いか弱いか）といった配慮が必要です。弱視学生は先天性や事故による視機能低下を除き、進行性の疾患を抱える場合が多く、学生の健康状態を適切に把握する必要があるのです。例えば、外部からの衝撃で急激な視機能低下を招く疾患があり、体育の授業や実習指導等においては格別の配慮が求められます[18]。

　弱視学生が学習に参加するためには、一般の活字をできるだけ見やすくする工夫が必要です。授業で使用する資料等は、学生のニーズに応じて適切に拡大したもの（拡大教材）を提供すべきでしょう。拡大教材とは文字等を拡大する

---

　*15　視覚障害者に対する情報保障手段で、目で見る（読む）内容をことばにして伝えること。

ことによって弱視学生に読みやすくした教材です。もちろん単にコピー機で拡大するだけでは十分な効果は得られません。拡大教材を作成する際は、個々の障害に応じた見やすい書体（フォント）を採用し、文字と文字の間隔や行の間隔を適切に確保し、写真やイラストについては中間色を避けコントラストを強くする必要があります。なお、視野狭窄のある学生の場合、単純に拡大すると逆効果となる場合があるため個別の配慮が必要です。拡大教材の作成方法は、拡大コピーによる方法やボランティアが手書きで作成する拡大写本[*16]という方法があります。すでに述べたように弱視者には単純な拡大だけではなく、文字を見やすいフォントへ変換することや写真やイラストのコントラストを強くすることが求められます。そのため、元データをパソコン上で編集する方法が効果的です。

弱視学生は学習活動全般において、視覚補助具を活用する必要があります。補助具には、①ルーペ・単眼鏡・遮光眼鏡、②拡大読書器等があります。①は見えにくい文字等を拡大するために有効な機器です。授業で配布される資料を拡大することによっての読み取りの困難を軽減することができます。②は高額で携帯できるタイプを除き、持ち運びが困難なため、学生が使用する教室に常備することが望ましいものです。その他、教員から教材等をテキストデータで受け取り、自らのパソコン上で拡大表示する方法があります。

（3）大学生活における支援ニーズ

歩行訓練を受けた視覚障害者は、目的地までの情報があれば単独で移動することができます。

視覚障害学生であれば、一般に入学前に自宅から大学までの通学経路を把握するとともに、実際に歩行訓練を繰り返す必要があります。学内の主要施設や使用頻度の高い教室までの歩行経路についても同様です。

大学や大学周辺のバリアフリー状況は、視覚障害学生に限らず障害学生の生

[*16] 弱視など読書などをすることが困難な者のために、その本人が最も読みやすい文字の大きさで書き写した本。これらは、ボランティア等によるプライベートサービスで提供される場合が多い。

活の質に大きな影響を与えます。物的環境が十分でない場合は、大学や関係機関に改善を求めていく必要があります。これとは別に学友や教職員によるソフト面の支援は、障害学生にとって重要です。一例を挙げると、授業開始直前に教室が変更されると、視覚障害学生は単独での移動が困難となります。まして普段使用していない教室の場合は深刻です。こうした状況で学友からなされるインフォーマルな支援は、障害学生の学びを保証するだけでなく心理面に与える影響も大きいのです。なお、大学において移動介助が必要となるのは、①点字ブロックを敷設していない場所、②通行に危険が予想される場所、③大教室など着席位置(空席)がわかり難い場所、さらに④緊急時の避難の際などです。

最後に、イギリスで実施された視覚障害学生対象の調査におけるエピソードを紹介します。21歳の男子学生は「私はもっと声をかけてほしいのに、晴眼者は、視覚障害者は一人でいるのが好きだと思っているみたいです」と答えています[19]。視覚障害学生は教室内に誰がいるのか、廊下で誰とすれ違ったのかを認識することができません。周囲が積極的に声かけをすることによってコミュニケーションがはじまるのです。

4 障害学生に対する支援

本項では、修学上最も支援が必要とされる視覚障害学生を取り上げ、①入学時の支援、②在学中に行う学修支援、③大学内の専門セクターの役割について述べます。①と②については、大学入試センター、日本学生支援機構、NPO法人入試点訳事業部による報告資料等を参考にしました。③については、障害学生修学支援ネットワークの東海地区拠点校であり、多くの障害学生が学ぶ日本福祉大学を例として取り上げました。なお、卒業後の就労に向けた支援やキャリア開発については"Column 4"で事例を紹介しています。

(1) 大学の情報収集と入学試験準備

視覚に障害のある受験生は、受験情報を収集する段階から困難に直面します。受験情報の大半は紙媒体に印刷されたものであり、自力で読み取ることが

できません(弱視者の場合は困難)。そのため多くの受験生は、家族等の協力を得て情報収集しています。近年、大学が開設するウェブ上の受験情報が充実してきており、視覚に障害のある受験生についてもホームページにアクセスすることができます。その際、音声パソコンを活用して情報収集するのですが、現状ではアクセス困難なホームページも数多く存在しており、ウェブ上のアクセシビリティに配慮する必要があります。

　障害のある受験生に「事前面接」を実施する大学があります。この面接はかつて、入学後に特別な支援を求めないことを受験生や家族に了解させることが目的でした。障害のある受験生が珍しくない現在では、面接目的は入学後の生活に向けた情報交換が目的に変わっていますが、試験を目前に控えた受験生にとっては負担となっていますので、入学決定後に実施すべきです[20]。

(2) 入学試験

　視覚に障害のある受験生に対する入学試験における配慮は、点字試験と拡大文字等による試験に分けることができます。試験時間は大学入試センター試験に準じて、点字は1.5倍、拡大は1.3倍の時間延長が行われています。なお、点字試験の際の1.5倍の時間延長はあくまで標準的な目安です。例えば、私立大学の英語系学科において英語の長文問題が大半を占める場合などは柔軟に取り扱うべきです。実際、2.0倍に時間延長する方法、時間延長は1.5倍のままで試験問題の分量を減らす方法などがすでに行われています。

(3) 学修支援

　視覚障害学生に対する学修支援には、①講義や演習を受ける際の支援、②試験やレポート提出時の支援、③その他の学修面における支援などがあります。

　講義や演習については、教科書や授業で使用する配付資料をどのように読ませるのか、授業中の板書をどのように伝えるのか、パワーポイントやビデオ等視聴覚教材をどのように提示するのかという問題があります。教員は障害学生のニーズを把握するとともに、実施可能な支援を事前に提示することが障害学生の安心につながります。支援を進めるにあたっては学内の障害学生支援セク

ターや教職員と連携した上で、点訳や拡大、音訳など具体的な支援を進めることになります。視覚補助具や音声パソコンの教室内への持ち込みは、障害学生自身が準備することで解決できますが、教室内への持ち込みについて、教員や学生が寛容な姿勢で受け入れることが求められます。

　試験については、障害学生の実態に合った出題方法や解答方法、さらに試験時間、試験をする場所について配慮する必要があります。中途で障害を負った学生では、失明後のリハビリテーションが不十分なため、点字などのコミュニケーションスキルが身についていない場合があります。したがって、先天障害の学生と同等の点字試験では、実力を出し切ることができない状況も考えられます。口述試験やパソコンの音声出力による方法、拡大読書器を活用した方法といった柔軟な対応が求められます。

　その他の学修面における支援には、体育など教室外での授業、フィールドワーク、各種実習や施設見学等があります。一定の集団で学習活動が行われる場合は、ティーチング・アシスタントの配置が有効です。見学や実習など目で見なければ理解が困難な場合は、事前資料等で理解を深めさせておくとともに、障害に配慮し目標を柔軟に設定することによって、障害学生の参加が意義あるものとなるのです。一例を挙げると、「目で見て観察する」という実習プログラムに、「指でふれて観察する」「耳で聞いて観察する」を加える方法などです。

　日本福祉大学における視覚障害を対象とする障害学生への支援には、①教科書の点訳、②レジュメ・資料等のデータ送信、点訳、拡大、触図作成、音訳、③リーディングサービス者の配置、④講義の録音許可、⑤ビデオモニター設備の利用、⑥レポートの提出方法や座席配置に関する配慮、提出期限の延長、⑦試験時の別室受験、代替問題、点字受験、文字拡大、拡大鏡の使用許可、⑧試験時の時間延長、パソコンによる出題・解答、口述、照明器具等の使用許可などがあります。

（4）障害学生支援における専門セクターの役割

　障害学生のニーズと大学側の支援がうまくかみ合ってこそ、効果的な学修支援となるのです。日本福祉大学においては、障害学生支援の専門セクターとな

る障害学生支援センター（以下、センターとする）が1998（平成10）年に設置され、障害学生支援の総合的なコーディネートを行っています。センターは専任の教職員で構成され、学生生活総合支援機構の一機関に位置づけられています。さらにセンター運営委員会が各学部の教員、各部署の事務職員、センター専任教職員によって構成され、全学的な障害学生支援を実施しています。センターにおける障害学生支援は4つに分けることができます。

①入学前面談は、センター教職員が学生・家族を対象に行うガイダンスで、「大学は主体的に学び、友だちとともに頑張る場所」であることを伝えます。

②センター主催による学部ごとの「障害学生支援センターオリエンテーション」を4月当初に実施します。センター教職員は障害学生支援の概要を説明するとともに、障害学生自身が自らの障害や必要な支援について発表します。

③障害学生奨学金制度は、障害学生が学修上必要とする補助具の購入費用や介助費用の負担を大学が保障する制度です。

④障害学生は当事者団体として「視覚障害学生問題対策委員会」「日本福祉大学内聴覚障害学生有志団体」「ゆう＆みい（内部障害学生）」を組織し、支援の一翼を担っています[21]。

日本福祉大学における障害学生支援の特色は、①にあるように、入学時から障害学生本人が学習の主体者として行動すべきことを確認する点にあるのです。大学が障害学生に対し、サービス提供を一方的に行うのではなく、②にあるように、障害学生自らが自己の障害について語り、必要なニーズを学生や大学当局に伝えることから支援がはじまります。さらに、④にあるように、障害学生による当事者団体が学内組織に位置づけられています。このような取り組みは当事者目線での支援を可能にするもので、サービスの質を高める上で重要です。

同大学が行う障害学生支援のコンセプトとして大泉は、①キャンパスのバリアフリー化、②制度的ないしはこころのバリアフリー化、③学び合い・育ち合うシステムづくりの3点を挙げています。こうした支援において最も重要な役割を果たすのが「障害学生支援センター」であり、センターによる各種コーディネートなのです[22]。

5　障害学生支援の現状

　全国高等学校長協会特別支援学校部会・全国盲学校長会大学進学対策特別委員会（以下、全国高等学校長協会とする）は、2008（平成20）年8月から2009（同21）年3月にかけて全国の大学に在籍する視覚障害学生（本項では以下、学生とする）を対象に障害学生の現状と支援の実態を調査しました[23]。

　この調査結果を参考に、①視覚障害学生が受けている支援内容とその課題、さらに、②今後必要とされる支援内容について検討します。なお調査内容は、対象者のプロフィール、入学前の支援、入学後の支援、学修面の支援、入学前に身につけておくべき力など多岐にわたっていますが、本節では学修面の支援を中心に取り上げます。

（1）対象者のプロフィール

　調査対象者の視力は0.03未満（重度障害）が63.4％、点字を主な文字としている学生が68.3％を占めています。受障時期は小学校入学前が92.7％と高い割合を示す半面、小学校段階を特別支援学校（盲学校）で過ごした学生は46.3％にとどまり、通常の小学校、弱視児対象の通級学級で学んだ学生が52.7％と半数を超えています。学年が上がるにつれ盲学校での教育経験者が増える傾向を示し、高等学校段階では87.8％が盲学校での教育経験者となっています。

　大学での専攻分野は、社会科学の56.1％と人文科学の26.8％が多くを占める半面、自然科学は4.9％にとどまっています。居住形態では、親元を離れて生活する学生が53.7％となっており、障害を抱えながらひとり暮らしを選択する学生が過半数を超えています。

（2）学修面における支援

　ここでは、点字を使用する学生が講義や試験の場面でどのような支援を受けているのか、また学生自身が希望する支援について検討します。

　学生が授業を受ける際に最も重要となる教科書は、その種類によって支援内容に違いがみられました。語学教科書は89.3％が点訳されていますが、授業で

常時使用する教科書であるため、学生は100％の点訳を望んでいます。理数教科書の点訳率は35.7％にとどまっており、78.6％の学生が点訳を望んでいます。理数教科書は、学生が数式を読みながら受講するため、不可欠となりますが点訳は進んでいません。

参考図書の点訳は、学生の希望をおおむね満たしています。参考図書はオリジナルの電子データ（以下、データとする）での提供を希望する学生が点訳希望を上回っています。データはソフトや周辺機器の改良によって音声による読み上げ[*17]が容易であり、希望する学生が増えているものと思われます。また、授業で使用する資料[*18]の提供は、正確さよりスピードが求められています。

レポートについてはパソコン上で作成し、データや印刷物を提出させる方法が82.1％を占めています。視覚障害者は印刷したものを自力で確認できないため、学生の85.7％がデータでの提出を希望しています。

定期試験時の時間延長、別室受験、出題方法の配慮、解答方法の配慮、レポートへの変更については、在籍する大学でおおむね実施されており、学生の希望を満たしています。出題方法は、①点字が75.0％、②口頭が39.3％、③データが25.0％となっています。なお、学生が希望する出題方法は、①点字が85.7％、②データが32.1％、③口頭が7.1％となっています。口頭による方法は、大学側にとってはローコストとなるため、学生の希望が少数であるのにもかかわらず実施する大学が一定数あります。

6 支援上の諸課題

（1）障害学生をめぐる状況

高度成長期を経て高校生の大学進学率が上昇するにつれ、障害者に高等教育

[*17] パソコンに音声読み上げソフトを組み込むことによって、テキストデータや一部の表などを読み上げさせることができる。

[*18] 教員が資料を準備するのは授業の直前になる場合が多い。そのため、時間のかかる点訳ではなく、オリジナルデータを電子メールなどで送付してもらい音声読み上げソフトで確認する方法。さらに、そのデータを自動点訳ソフトで点字データ化し、点字プリンタで点字印刷する方法がある。

を受けさせようとする動きが本格化しました。障害学生をめぐる1970年代頃までの重要課題は、①大学の門戸開放であり、②公平な入学試験を実施させることでした。1980年代に入ると大学入試における特別措置が認められ、一部を除き入学時の差別的な扱いはみられなくなりました。さらに大学進学率の上昇を背景に、大学の新設ラッシュや既存大学の定員増が進みました。21世紀に入ると少子化の影響から大学進学者数が頭打ちとなり、「大学全入時代」が現実味を帯びる状況となっています。障害学生についても同様の傾向を示しています。

その結果、①「障害学生の受け入れ実績があり、支援体制が比較的整っている」大学に加え、②「障害学生を受け入れた経験がない、または少ない」大学への進学が増えています。①は在籍する障害学生数が多く、障害学生支援に関する専門セクターが整備されています。②は障害学生の絶対数が少なく、学内に専門セクターを設置することが困難となっています。②の中には、障害学生が抱える問題は学生本人やその家族が責任を持つべきだとし、積極的に支援を実施しないケース、有給の支援者等に外部委託するケース、障害種別ごとに異なる専門的な支援に対応できないケースなどがあります。

今後、②の大学への進学者の増加が予想されています。その際、①の大学（学生）との連携が重要となってきます。障害学生支援に関する研究や実践の蓄積を積極的に活用できるシステムづくりが課題です。

（2）障害学生（仲間）による相互支援

全国高等学校長協会の調査では、障害学生の多くが同一の障害のある学生とかかわり（交流、相互支援）を持っていると回答し、さらにその必要度についても高ポイントを示しています。相互支援の役割としては、①点字資料等について情報交換ができる、②悩みの相談がしやすい、③スポーツ等の活動に参加しやすいなどのメリットを挙げています。

非障害学生や教職員による理解促進は一定の成果を上げつつあります。しかし、障害学生には同じ障害のある仲間だからこそ共有できる思いや悩みがあり、障害学生が集うことのできる場を設定することは重要です。例えば、日本

福祉大学における障害当事者団体の存在と学内における位置づけは先駆的な実践として注目すべきでしょう。

なお、「障害学生を受け入れた経験がない、または少ない」大学は、障害学生の絶対数が少ないため学内に障害学生が集う場を設定することは難しい状況にあるといえます。近隣の大学に呼び掛けるなどして障害学生が交流できるネットワークを構築する必要があります。こうした活動は、本来インフォーマルな側面が強いのですが、大学当局の理解と協力が重要となります。先駆的な取り組みとしては、日本聴覚障害学生高等教育支援ネットワーク（PEPNet-Japan）[*19]があります。

（3）障害学生に求められる力

障害学生にとって大学の門戸は大幅に拡大されましたが、大学入学後に学内で孤立するケース（引きこもりを含む）、さらに精神疾患を発症するケースが増えています。こうした学生の増加傾向は、障害の有無にかかわらず取り上げられていますが、障害学生の場合はより深刻です。

全国高等学校長協会の調査では、大学生活を送る上で身につけておくべき力として、①一人で自由に移動できる力、②必要な支援を適切に依頼できる力、③積極的に教職員や学生とコミュニケーションをとる力を挙げています。大学や学友による支援の充実はいうまでもありませんが、障害学生本人の生きる力を培うための支援（Empowerment）が入学までに必要です。そのためには、特別支援学校との連携が重要となります。さらに、不安定となりやすいメンタル面の支援に留意する必要があります。学内の学生相談室の活用に加え、障害学生が交流できる場を確保することが何よりも優先すべき課題でしょう。

[*19] 全国の高等教育機関で学ぶ聴覚障害学生の支援のために立ち上げられたネットワークで、全国の大学等の協力により運営されている。高等教育支援に必要なマテリアルの開発や講義保障者の養成プログラム開発、シンポジウムの開催などを通して、聴覚障害学生支援体制の確立及び全国的な支援ネットワークの形成を目指している。

第 3 節 安定した就労に向けた支援

1 本節の目的

　障害者に対する施策は、「障害者基本法」に示された理念に基づき進められています。同法には、すべての国民が障害の有無にかかわらず、等しく基本的人権を享有するかけがえのない個人として尊重されるとともに、障害の有無によって分け隔てられることなく、相互に人格と個性を尊重し合いながら共生することが示されています。その上で障害者は、あらゆる分野の活動に参加する機会が確保され、誰もが障害者に対して、障害を理由として差別すること、その他の権利利益を侵害する行為をしてはならないことが示されています。

　こうした理念が示される一方、現状では障害者の雇用は厳しい状況にあります。競争原理に基づく労働市場で障害者が職業人として自立することは容易ではありません。施策として障害者の就労支援が進められる中、思うように障害者雇用が進まない現実に目を向ける必要があります。

　本節では、筆者が実際に支援に携わってきた特別支援学校（盲学校）における就労支援を取り上げ、その現状と課題を明らかにします。その際、視覚障害者の伝統的職業とされてきた「あん摩・はり・きゅう（以下、三療とする）」に焦点をあて、三療を通した就労の実態を取り上げます。その上で視覚障害者の自立に向けた支援のあり方を検討します。

2 視覚障害者の安定的な就労とは

　視覚という重要な情報入手手段を失った視覚障害者が、歴史的に三療という職業を通して職業的に自立してきたことは、世界的にみて、また他の障害種別からみてもきわめて異例なこととされています[24]。

　古くから視覚障害者の職業として位置づけられてきた「あん摩、はり、きゅう」は、江戸時代初期の幕府による手厚い保護政策と、町人や上流階級からの

根強い需要に支えられ、その基盤が成立しました[25]。明治から昭和にかけて西欧から輸入された「マッサージ」とわが国独自に生まれた「指圧」が、あん摩、はり、きゅうとともに三療に加えられました。第2次世界大戦後、西洋医学の管理下に置かれた三療は、視覚障害者の職業としての安全性、妥当性が問われることになりました。これに対し、視覚障害者団体や鍼灸業界関係者らによる啓発活動が積極的になされた結果、三療が視覚障害者の適正な職業としてGHQに認められ、1947（昭和22）年に「あん摩マッサージ指圧師、はり師、きゅう師等に関する法律」（以下、あはき法とする）が定められたのです[26]。

あはき法には、あん摩マッサージ指圧に従事する視覚障害者の生計を保護する政策が盛り込まれており、非障害者による三療業界への参入を規制しています（第19条）。また、法の定めはないのですが、はり師、きゅう師においても、あん摩マッサージ指圧師と同様の参入規制が行われてきました。これは、わが国の視覚障害者が三療を通して安定的に就労してきたことを念頭に置いた保護政策であると理解することができます。

（1）三療業界の動向

1960年代までは、三療業界の6割以上を視覚障害者が占めていましたが、1979（昭和54）年にその割合が逆転しました。その後も非障害者数は増加し続け、現状では三療業界の8割以上が非障害者で占められています[27]。

2000（平成12）年、柔道整復師養成施設の認可をめぐる裁判において福岡地裁は、法的根拠のないことを理由に非障害者向け養成施設設置の反対を退ける判決を下しました。これを受けて厚生労働省は、あはき法第19条で定められた「あん摩マッサージ指圧師」以外の資格取得を目的とする養成施設の設置に関し、規制緩和に踏み切りました。それ以降、柔道整復師の養成施設をはじめ、法に定めがない鍼灸専門学校の参入が相次ぐことになります。あはき法の保護下にある「あん摩マッサージ指圧師」の養成施設は、1998（同10）年から現在に至るまで7施設のまま変化していないのに対し、非障害者向けのあはき師養成施設は、同年の25施設から2004（同16）年には66施設に急増しているのです[28]。

このような養成施設の増加に対し、後藤修司は適正な競争原理に基づく妥当範囲内の現象と分析していますが、毎年5,000人以上の柔道整復師や鍼灸師が新規に養成されることで、人員過剰による業界の経営悪化が憂慮されています[29]。また、非障害者の柔道整復師や鍼灸師が急増したことによって、従来、視覚障害者が治療の対象としてきた患者層は自由市場に広く開放される結果となりました。矢野忠らは、鍼灸市場における推定平均年収を調査し、鍼灸師等の厳しい生活実態を指摘しています[30]。

（2）特別支援学校（盲学校）における就労状況

200X年度から4年間にわたるA盲学校の進路（就労）状況をみると、その大多数は三療業に就労しています。ところが、毎年数名の自宅待機者と離職者を伴っているのも事実です。就労ができないため自宅待機となっている卒業者の内訳は、①三療の国家試験が不合格だった者、②就労が困難な者、③開業を準備している者などでした。また離職の理由は、①人間関係に問題があったため、②持病が悪化したため、③条件のよい職場へ転職するため（開業を含む）、④勤務先が閉鎖されたためなどでした。

ちなみに、本節で使用する「就労困難者（自宅待機者に含まれる）」とは、「三療の資格を取得し、求職しているにもかかわらず、事業所の採用面接に合格できないために就労できない者」を指しています。

離職者の中には、①ハローワークを利用して再び求職活動を行っている者や、②盲学校に直接就労支援を依頼する者がいます。盲学校は在籍する視覚障害者の就労先の確保を優先するため、求人数の少ない年などは離職した既卒者の就労支援にまで手が回らない場合があります。

卒業者の就労先をみると、従来、大半を占めていたあん摩、はり、きゅうのみを行う「治療院」への就労が減少する傾向を示しています。これに代わって「接骨院、在宅訪問マッサージ、クイックマッサージ・足ツボ・アロマセラピー・整体等、ヘルスキーパー」といった新たな職域への就労が増加する傾向にあります。

A盲学校の200X年度卒業予定者が本格的に就職活動を開始する10月から翌年

２月にかけて、三療関係の事業所が管内のハローワークに提出した求人数（障害者枠ではない"一般枠"の求人）は53件ありました。Ａ盲学校ではこうした一般枠の求人内容をハローワークから情報収集するとともに、求人を出した事業所を対象とする職場開拓を独自に進めています。

求人数53件の内訳は、接骨院が20件、整形外科が12件、在宅訪問マッサージが10件、クイックマッサージ・足ツボ・アロマセラピー・整体等が６件、ヘルスキーパーが３件でした。従来、求人数の大半を占めていたあん摩、はり、きゅうのみを行う治療院からの求人は２件のみで、調査開始以来最も少ない結果となっています。

事業所から200X年度にＡ盲学校に直接出された求人件数は15件です。その内訳は、上述したハローワークの求人同様、あん摩、はり、きゅうのみを行う治療院や病院からの求人数は２件にとどまり、これに代わるものとして接骨院が５件、在宅訪問マッサージが４件、介護施設が４件ありました。

（３）就労困難者に対する支援上の諸課題

ここでは、新たな求人領域の業務内容と視覚障害者が就労する上での課題を整理します。

①「接骨院」は、近年療養費の不正請求が問題となっています。例えば本来、柔道整復師の扱う保険の対象でない「肩こり」や「腰痛」に対して、安価で治療できるとして多数の患者を導引し、ねんざや打撲等の「ケガ」として不正に保険請求するケースです。また、施術回数の水増し、「患部転がし」と呼ばれる治療部位の不適切な変更、アルバイトによるマッサージを接骨業務として振替申請するといった不正な保険請求が後を絶たないのです[31][32]。

②「在宅訪問マッサージ」は、介護保険領域への市場参入を目指す新たな動きとして生まれた業種です。利用者の家庭や介護施設等を巡回訪問するとともに、医療保険による出張治療を行います。今後、市場拡大が期待できる領域ですが、視覚障害者は自動車の運転が不可能であることに加え、出張先での移動に困難を感じる場合が少なくないのです。機能訓練指導員として従事する場合は、介護保険に関する書類作成事務に携わる必要があり、文字の使用が困難な

視覚障害者にとって厳しい業務内容となっています。

③「クイックマッサージ・足ツボ・アロマセラピー・整体等」は、雇用、労災保険の不備、従業員の多くが無資格者、さらに低賃金である場合が多く、苦労して国家資格を取得しても報われないと感じる視覚障害者が少なくありません。

④企業の福利厚生に位置づけられる「ヘルスキーパー」(企業内施術師)は、従業員を対象に施術を行うことで、従業員の健康増進と福利厚生、業績向上への貢献を目指す職種です。大手企業からの求人は人気が高いのですが、大半は非正規職員としての採用のため不安定な身分となっています。法定雇用率を満たすことに主眼が置かれた雇用が多く、雇用主は専門職としての技能を期待しない傾向があり、就労意欲の低下につながるケースがみられます。さらに、従業員が施術を受ける際、管理職の理解が前提となるため、ヘルスキーパーの稼働率が低くなっている企業が少なくないのです。

以上、三療に関連する新たな職域の業務内容と視覚障害者が就労する上での課題について述べてきました。

現状では、就労支援に向けた(盲学校の)教育プログラムが十分に機能していません。とりわけ、介護保険制度に関連する事業所への就労支援では、①全盲者が在宅訪問マッサージを可能にするための方法の開発、②車椅子に座ったままの利用者に対する施術方法の習得、③機能訓練指導員の業務内容を学ぶための実習時間や実習先の確保、④高齢者の心理等高齢者介護に携わるための専門知識等については、今後、就労支援プログラムのコンテンツに盛り込む必要があります。

(4) 就労困難者の就労支援事例

Hさん(20歳代、男性)は、先天性緑内障のため幼少時から弱視で、身体障害者手帳は2級です。小学生の頃、広汎性発達障害の疑いがあると診断されましたが、周囲の理解と支援が得られ、とくに問題となることはなく小学校、中学校、高校と通常の学校生活を送ることができました。大学卒業後、視力が急

激に低下したため職業リハビリテーションの一環として盲学校に入学しました。入学後、唐突な行動とこだわりを示す場面がみられ、対人業務に従事する上での課題が認められました。一方で専門教科の学習には熱心に取り組み、三療の国家資格を取得することができました。

卒業を控え2か所の治療院の採用面接を受けましたが、結果は不合格でした。Hさんは当初、治療院への就職を強く希望していましたが、治療院では施術以前に患者へのきめ細かな配慮とコミュニケーション能力が問われます。さらに、同僚との非言語的なやりとり（アイコンタクトや場の雰囲気づくり）が求められます。このことから、視覚障害に加え対人面に問題を抱えるHさんは、当初から就労に伴う困難が予測されました。

盲学校の進路担当者がHさんに視覚障害者の雇用実績があるS事業所を勧めたところ、本人が快諾してくれました。この事業所は、主として高齢者デイサービスを提供する介護施設ですが、視覚障害者の雇用については比較的理解のある事業所の一つでした。面接の結果、事業所から3か月の有期雇用契約（トライアル雇用）の中で様子をみた上で採用を検討するという申し出がありました。

Hさんは就職内定を喜んだのですが、就労後の対人面に不安を訴えたため障害者職業センターの職業カウンセラーに相談を依頼しました。同センターからはジョブコーチ（職場適応援助者）による支援を勧められました。盲学校の進路担当者は本人（家族）や事業所と話し合い、2か月間ジョブコーチの支援を受けることで合意しました。Hさんは200X年5月からジョブコーチの支援を受け、機能訓練指導員としてS事業所に就職しました。

ジョブコーチは、知的障害者（発達障害者）、精神障害者、高次脳機能障害者等に対する就労支援策として評価されている[33]のですが、Hさんのような広汎性発達障害を伴う視覚障害者に対する支援事例はみあたらないのです。就職したHさんに対しては、多職種による就労支援チームが結成されました。就労支援チームは、職業カウンセラー（支援計画の策定及びチームの総括）、盲学校進路担当者（技術指導、精神面に関する支援）、ジョブコーチ（職場定着支援）、Hさんの支援のために配置された事業所の担当職員（業務の指導等）、ハ

ローワーク専門支援員（助成金等の事務手続き）で構成されました。

　就職当初、Hさんから事業所に対する否定的な発言がしばしばみられました。それは、「もっと事業所が利用者にしてあげられることがあるのではないか」「この事業所はカンファレンスをしないで利用者を放置している」といったHさんの思い込み（こだわり）からくる批判でした。

　盲学校の進路担当者はHさんと話し合う機会を設け、Hさんの思いを受けとめつつ、①継続して働くことができたという実績を事業主に対して示すことが大切であること、②事業所の経営方針はHさんの一存では変更できないこと、③事業所の業務内容よりも利用者が満足しているかどうかが重要であることなどを繰り返し伝えました。その後は、精神面に落ち着きを取り戻し安定した就労を継続しています。

　当初、月3回程度実施していたジョブコーチ支援は、徐々に回数を減らしていきました。事業所で行われる月1回の就労支援チーム会議において、Hさんはこだわり行動をみせる場面はあるものの、徐々に同僚や利用者との人間関係が形成されつつあると報告されています。

　「ジョブコーチ支援」を受けたHさんは、現時点（執筆時）において順調に就労を継続しています。本事例の背景には、①本人と事業所の双方がジョブコーチによる支援を受け入れたこと、②治療院への就職に比べ、ジョブコーチ支援に対する理解を職員や利用者から得られやすかったこと、③就労支援チームの結成によって多職種連携支援が効果的に機能したこと、④本人の努力と三療による職業自立に対する強い思いがあったことが挙げられます。

3　視覚障害者に対する就労支援のあり方

　視覚障害者の三療を通した安定的な就労は、①当事者本人や関係者の努力、②障害理解の促進、③国による雇用の促進という3つの要素に支えられ日本社会に根づいてきました。国の障害者保護政策の緩和は、障害者の安定した職場を奪う危険をはらんでおり、政策の与える影響の大きさを痛感させられます。

　多様化しつつある三療業界に視覚障害者がどのように適応できるのかは深刻

な課題であるとともに、視覚障害者の職業リハビリテーションにおける支援が、就労先の実態やその変化に対応した内容となるよう見直す必要があります。

　事例にあるように、広汎性発達障害を伴うケースでジョブコーチによる就労支援が実現しました。従来の就労支援にとらわれることなく、地域の社会資源を幅広く活用するとともに、多職種の連携による支援を行うことの意義が、この事例から示唆されました。

　本節では視覚障害者を対象とする就労支援を検討しました。その結果、①自助努力で三療業界への就労が可能である視覚障害者に対しては、非障害者と競合、または協働しながら社会参加できるような支援プログラムを開発する必要があること、②発達障害などを併せ持ち、自助努力で三療業界への就労が困難である視覚障害者に対しては、多様な支援メニューを活用した支援を進めることで安定した就労に結びつくことが示唆されました。

【引用文献・参考文献】
1）安積遊歩・野上温子編『ピア・カウンセリングという名の戦略』青英舎　1999年
2）大田仁史監修、南雲直二『障害受容―意味論からの問い』荘道社　1998年　pp. 121-128
3）柏倉秀克「障害者地域生活支援センターにおける"ピア・サポート"に関する一考察―名古屋市M区障害者地域生活支援センターの中途視覚障害者相談記録の調査分析から」『社会福祉学』第46巻1号　2005年　pp. 86-95
4）バーバラ・ブラウン著、築島謙次監訳『ロービジョンハンドブック』診断と治療社　1999年　p. 113
5）高橋三郎・大野裕・染矢俊幸訳『DSM-Ⅳ精神疾患の診断・統計マニュアル』医学書院　1996年
6）Cohn, N., *Understanding the process of adjustment to disability,* J Rehabil 27, 1961, pp. 16-18.
7）Fink, S. L., *Crisis and motivation : A theoretical model,* Archives of Physical Medcine&Rehabilitation 48, 1967, pp. 592-597.
8）英国盲人協会著、鳥山由子監修、青松利明・山田慶子監訳『イギリスの視覚障害児特別支援教育―シェーピング・ザ・フューチャープロジェクト報告書』明石書店　2005年

9）柏倉秀克・南雲直二「自己受容と他者の相互作用（ズレ）の関連―視覚障害事例を通して」『総合リハビリテーション』31巻9号　医学書院　2003年
10）文部科学省『学校基本調査』2012年
11）『教職員のための障害学生修学支援ガイド』日本学生支援機構　2009年
12）吉原正治・佐野眞理子「高等教育における障害学生支援の現状と課題」『大学と学生』第46号　日本学生支援機構　2007年
13）鶴岡大輔「障害学生支援の現状と課題」『リハビリテーション研究』122号　日本障害者リハビリテーション協会　2005年
14）日本学生支援機構『平成23年度（2011年度）大学、短期大学及び高等専門学校における障害のある学生の修学支援に関する実態調査結果報告書』2012年
15）日本学生支援機構『平成19年度（2007年度）大学・短期大学・高等専門学校における障害学生の修学支援に関する実態調査結果報告書』2008年
16）柏倉秀克『中途障害者の心理と支援―視覚に障害のある人々を中心に　第2版』久美　2011年
17）柏倉秀克「視覚障害者用地図教材の開発―当事者視点に基づく点字地図帳の編集」『桜花学園大学人文学部研究紀要』第12号　2010年
18）前掲書11
19）前掲書8
20）鳥山由子監修、青柳まゆみ・青松利明・石井裕志編『視覚障害学生サポートガイドブック―進学・入試から卒業・就職までの実践的支援ノウハウ』日本医療企画　2005年
21）藤井克美・田倉さやか「日本福祉大学における障害学生支援の取り組み―学生の主体的な学びを育む支援ネットワーク作り」『大学と学生』第75号　日本学生支援機構　2009年
22）大泉溥「日本福祉大学における障害学生支援」『リハビリテーション研究―STUDY OF CURRENT REHABILITATION』第122号　日本障害者リハビリテーション協会　2005年
23）全国高等学校長協会特別支援学校部会・全国盲学校長会大学進学対策特別委員会『シリーズ視覚障害者の大学進学別冊―視覚障害学生実態調査報告書』2009年
24）関宏之『障害者問題の認識とアプローチ』中央法規出版　1992年　pp.204-205
25）加藤康昭『日本盲人社会史研究』未來社　1974年　pp.124-125
26）奥津貴子「占領下の鍼灸―GHQ旋風と検閲のはざまで」『医道の日本』Vol.61 No.8　2002年　pp.159-173
27）全英美『視覚障害者と鍼治療―施術における衛生保持確立は可能か?』生活書院　2007年　pp.30-32
28）箕輪政博・形井秀一「あん摩マッサージ指圧師、はり師、きゅう師学校養成施設の変遷と現状―特にその創立期に着目して」『全日本鍼灸学会雑誌』第56巻4号　2006年　pp.646-647
29）後藤修司「あはき教育を考える」『鍼灸手技療法教育』1巻　あはき教育研究会懇話会　2005年　pp.43-44
30）矢野忠・石崎直人・川喜多健司・丹沢章八「国民に広く鍼灸医療を利用しても

らうためには今、鍼灸界は何をしなければならないのか—鍼灸医療に関するアンケート調査からの一考察 その1鍼灸医療の利用率と鍼灸医療の市場規模について」『医道の日本』64巻9号 医道の日本社 2005年 pp.138-145
31)「7月22日付け紙面」『朝日新聞』朝日新聞社 2008年
32)「11月3日付け紙面』『朝日新聞』朝日新聞社 2008年
33) 田谷勝夫「高次脳機能障害者の雇用促進等に対する支援のあり方に関する研究—ジョブコーチ支援の現状、医療との連携の課題」『調査研究報告書』No.79 障害者職業総合センター 2007年 p.17

Column 4 "障害学生のキャリア開発"

　視覚障害のあるＦ氏は、Ｎ市の公務員試験（障害者枠）に合格し、現在同市交通局に勤務しています。Ｆ氏は視覚障害学生が就職活動に取り組む際は、「やりたいこと」と「できること」を区別すべきだと述べています。障害の最大の理解者は自分自身であり、そのことをふまえて適切なキャリア選択を進める必要があるのです。さらに将来に向けた見通しを持つことが重要です。例えば、進行性の疾患のある学生は、将来を視野に入れたキャリア選択が求められています。

　希望するキャリア領域についての情報を集めることが必要になります。一例を挙げると、アルバイトやインターンシップを通して体験的に理解すること、それらを通して自己の障害とのバランスを考えたキャリア選択を進めることが必要です。さらに、雇用主と積極的にコミュニケーションをとる必要があります。障害学生対象の就職フェアなどを活用するとともに、多様な分野にアクセスすることでマッチングのチャンスは拡大します。

　就職後は、①自分ができること、②できるが非視覚障害者に比べ時間がかかること、③自分にできないことを職場に明確に伝えます。職場で仕事を引き受ける際は、①障害による制約が予想される仕事を引き受けない、②引き受ける際は十分こなせる内容かどうかを冷静に判断します。さらに、③引き受ける場合は、その仕事に真摯に取り組む姿勢が信頼関係に結びつくと指摘しています。

　職場の環境整備は、障害者の安定雇用にとって重要な要素です。職場では、できる限り自分に合った環境を整備してもらう必要があるのです。業務上パソコンを使用する際は、できるだけ慣れ親しんだソフトやハードの導入を申し出ます。障害学生はこれまでの人生で様々な工夫をしてきたはずですから、職場においても仕事を円滑に進めるための工夫を行う必要があります。

　職場における人間関係を円滑にするためには、自己の障害をオープンにする必要があります。職場の人間関係は相互理解が前提になりますが、障害の話はタブー視されがちです。また、自己の障害について話すことに抵抗を感じる人がほとんどかと思われますが、信頼関係を築くためには避けて通ることができない問題といえます。

　最後にＦ氏は、「障害」と「仕事の出来」は関係ないと断言しています。職場では「障害者だから」という言い訳は通用しません。障害の有無にかかわらず任された仕事に対し持ち得る力を最大限に発揮して、成果を上げることが求められるのです。このような姿勢が職場で信頼関係を勝ち得る近道ではないかと述べています。

出典：柏倉秀克「キャリア形成を目指した視覚障害学生支援」『視覚障害―その研究と情報』No. 285　障害者団体定期刊行物協会　2012年　pp. 14-23

●論文初出一覧

第1章第3節第2項
　柏倉秀克「中途失明者の自立を考える―当事者4人の語りから」『視覚障害―その研究と情報』第182号　障害者団体定期刊行物協会　2002年

第2章第1節
　柏倉秀克「リハビリテーション研究における心理問題―日本における歴史と現状」『金城学院大学論集社会科学編』第46号　2003年

第3章第1節
　柏倉秀克「視覚障害児を持つ親の障害受容に関する調査―親の会への参与観察から」『金城学院大学論集社会科学編』第45号　2002年

第3章第2節
　長崎龍樹・柏倉秀克「弱視者の抱える困難―他者との関係性を中心に」『福祉研究』第98号　日本福祉大学社会福祉学会　2008年

第3章第3節
　柏倉秀克・南雲直二・新井美千代「視覚障害者の心理と支援―中途障害を中心に」『総合リハビリテーション』40巻9号　医学書院　2012年

第4章第1節
　柏倉秀克「障害者地域生活支援センターにおけるピア・サポート」『桜花学園大学保育学部研究紀要』第10号　2012年

第4章第2節
　柏倉秀克「大学における障害学生支援の取り組み―視覚障害学生の支援ニーズを中心に」『視覚障害―その研究と情報』第278号　障害者団体定期刊行物協会　2011年

第4章第3節
　長崎龍樹・柏倉秀克「視覚特別支援学校（盲学校）における就労支援の現状」『職業リハビリテーション』23巻2号　日本職業リハビリテーション学会　2010年

　　※　本書採録にあたっては、各論文に大幅な加筆・修正を加えた。
　　※　本書の上記以外の部分はすべて書き下ろしである。

索 引

◆A-Z

ADL →日常生活動作
DPI →障害者インターナショナル
ICD-6 →国際疾病分類第6版
ICF →国際生活機能分類
ICIDH →国際障害分類
MQS 100
PEPNet-Japan →日本聴覚障害学生高等教育支援ネットワーク
PTSD →心的外傷後ストレス障害
QOL →生活の質
SDS 100
WHO →世界保健機関

◆あ-お

アイデンティティ 65
アイパッチ 78
アウトリーチ 115
暗点 126
あん摩マッサージ指圧師、はり師、きゅう師等に関する法律 138
医学モデル 19
上田の障害受容モデル 46
内からの圧力 38
エコロジカル・ソーシャルワーク 19
音訳 127

◆か-こ

回復過程 42
回復論 52
拡大教材 127
拡大写本 128
拡大読書器 113, 128
家族自助志向群 72
価値転換論 39, 50, 57
価値の転換 39, 46
活動 20
仮の受容 52, 57
感覚障害 37
環境因子 10, 21
患者会 76
基底還元論 10
機能障害 18
救済 17
クイックマッサージ・足ツボ・アロマセラピー・整体等 141
健康関連QOL →MQS
国際疾病分類第6版 18
国際障害分類 18, 19, 51
国際生活機能分類 20, 21, 22, 51
国立がんセンター 75
こころの型 34, 65
個人因子 10, 21
個別支援 97
個人主義 57
個人的な喪失 40

◆さ-そ

在宅訪問マッサージ 140
参加 20
参与観察 71
三療 137, 142
視覚補助具 128
自己受容 58, 71
自己中心性 25
事情通 95
事前面接 130
質的調査 40
質問紙調査 87
自罰 26
社会的な喪失 40
社会的不利 19
社会受容 58, 65, 71

社会モデル　19
視野狭窄　33, 126
弱視者　85
弱視用レンズ　113
遮光眼鏡　128
習慣的動作　33, 64
集団支援　97
集団同一視尺度　87
集団同一性　86
周辺人　85
受障した個人（心理）に与える影響　33
障害学　51
障害学生支援センター　132
障害学生支援の専門セクター　131
障害学生修学支援ネットワーク　129
障害が他者（家族や世間）に与える影響　34, 65
障害還元主義　10
障害者インターナショナル　20
障害者自立支援法　23
障害者心理学　11
障害者総合支援法　23
障害者地域生活支援センター　107
障害受容　24, 37
障害受容モデル　32
障害受容論　37, 59
障害ということば　14
障害の概念　18
　〃　気づき　24, 25
　〃　自己認識　24
障害は個性　16
障害への安住　45
消極的なパッシング　95
情緒的支援ネットワーク　100
情動的症状　39
職業カウンセラー　142
ジョブコーチ（職場適応援助者）　142
自立（自律）　18
自立生活運動　50
自立生活モデル　50
自律相助志向群　72

心身機能・身体構造　20
身体障害　22
身体障害者　22
身体障害者手帳　22
身体障害者福祉法　22
身体像　→ボディ・イメージ
心的外傷後ストレス障害　118
真の受容　57
心理　11
心理主義　12
スティグマ　30
スティグマ理論　56
ステージ理論　42, 43
ストレス学説　43
生活の再建　34, 49, 65
生活の質　17
生活モデル　19
精神主義　57
精神障害　23
精神障害者　23
精神障害者保健福祉手帳　23
精神保健及び精神障害者福祉に関する法律　23
世界保健機関　18
積極的なパッシング　95
接骨院　140
セルフヘルプ・グループ　65, 72, 97
全人間的復権　45
喪失　48
底つき体験　29
外からの圧力　38

◆た－と

対処　42
他罰　26
単眼鏡　128
段階説　82
段階理論　→ステージ理論
知的障害　22
知的障害者　22
知的障害者福祉法　22

中途障害者　27
調整　37
治療院　139
適応　37
点訳　73, 125
点訳者　127
同類　95
特別支援学校のセンター的機能　121
特別支援教育　120
トライアル雇用　142

◆な-の

内面の理解　11
難病患者　23
日常生活動作　17
日本聴覚障害学生高等教育支援ネットワーク　136
入学試験における配慮　130
人間関係の再建　34
能力障害　19
ノートテイク　125
ノーマライゼーション　50

◆は-ほ

背景因子　21
白内障　77
白杖　62
パッシング　85, 95
発達障害　23
発達障害者　23
発達障害者支援法　23
ハビトゥス　64
半構造化面接　87
半盲　126
悲哀　42
悲哀の仕事　33, 42, 49
ピア・カウンセラー　107
ピア・カウンセリング　107

ピア・サポート　85, 97, 108
ピア相談員　107
悲嘆　33, 42
〃　の回復　33, 64
否認　38
病因の問題　110
病気／変調　18
不幸　40
2つの苦しみ　13
プライベートサービス　116
ペア・サポート　85, 97, 99
ヘルスキーパー　141
保護　17
ボディ・イメージ　38

◆ま-も

マージナル・マン　85
マイノリティ　57, 95
マジョリティ　57, 95
慢性的悲哀　83
盲学校の職業課程　29
盲人　85
網膜芽細胞腫　75
網膜色素変性症　110

◆や-よ

役割モデル　→ロール・モデル
有期雇用契約　→トライアル雇用
抑うつ尺度　→SDS

◆ら-ろ

理解の質　12
リハビリテーション心理学　12, 38
離人症　39
療育手帳　23
ルーペ　128
ロービジョン　59
ロール・モデル　27, 108

●著者紹介

柏倉　秀克（かしわくら　ひでかつ）
　日本福祉大学社会福祉学部教授。
　日本福祉大学大学院社会福祉学研究科博士課程修了。博士（社会福祉学）。
　愛知県内の特別支援学校、桜花学園大学を経て現職に至る。
　専門分野は、障害者福祉、障害者心理、特別支援教育。

障害者心理学への誘い
支え合い、ともに生きるために

	2012 年 10 月 1 日　初版第 1 刷発行
	2017 年 3 月 30 日　初版第 2 刷発行

著　　者	柏倉　秀克
発 行 者	竹鼻　均之
発 行 所	株式会社 みらい
	〒500-8137　岐阜市東興町40番地　第5澤田ビル
	TEL　058（247）1227
	http://www.mirai-inc.jp/
印刷・製本	西濃印刷株式会社

ISBN978-4-86015-270-3　C3037
©Hidekatsu Kashiwakura 2012
Printed in Japan　　　　　　　　　乱丁本・落丁本はお取り替え致します。